CÓMO DECIR LA VERDAD

LA HISTORIA DE CÓMO DIOS ME SALVÓ
PARA GANAR CORAZONES Y NO DISCUSIONES

PRESTON PERRY

CÓMO DECIR LA VERDAD

LA HISTORIA DE CÓMO DIOS ME SALVÓ PARA GANAR CORAZONES Y NO DISCUSIONES

Tyndale House Publishers
Carol Stream, Illinois, EE. UU.

Visite Tyndale en Internet: tyndaleespanol.com y BibliaNTV.com.

Cómo decir la verdad: La historia de cómo Dios me salvó para ganar corazones y no discusiones

Originalmente publicado en inglés en el 2024 como *How to Tell the Truth* por Tyndale House Publishers con ISBN 978-1-4964-6689-1.

Diseño: Lindsey Bergsma

Traducción al español: Katherine Collie para AdrianaPowellTraducciones

Edición en español: Remedios Richard para AdrianaPowellTraducciones

Para información acerca de descuentos especiales para compras al por mayor, por favor contacte a Tyndale House Publishers a través de espanol@tyndale.com.

ISBN 979-8-4005-0090-9

Impreso en Estados Unidos de América
Printed in the United States of America

30 29 28 27 26 25 24
7 6 5 4 3 2 1

CONTENIDO

PRÓLOGO

El juego de las escondidas no es apto para los cristianos. No hablo de la versión que aprendemos de niños, cuando corremos hacia la sombra, giramos en la esquina y saltamos detrás del sillón ante el inevitable acercamiento de otro niño a punto de exclamar: «¡Te encontré!». El tipo de juego que tengo en mente es el que comienza cuando alguien toca a la puerta. Sin siquiera girar la manilla, usted ya conoce algo sobre la religión de la persona que está en la puerta, y la razón por la cual ha buscado su casa. Otra versión sucede cuando un amigo, colega o alguien de otra fe decide agraviar la suya con afirmaciones que niegan lo que usted conoce como la verdad. La confianza que manifiestan estos familiares y amigos podría persuadirlo a usted a pensar que no todas esas opiniones son arena movediza. Si nos dejamos intimidar por la llegada de algún testigo de Jehová o por las conversaciones sobre religión instigadas por los burlones que conocemos por nombre, nos volvemos niños sin fe. Buscamos sombras, rincones o lugares para reconfortar nuestra cobardía y jugamos a ser invisibles: nos escondemos y, finalmente, escondemos también la verdad que es nuestro deber proclamar.

El temor tiene muchas caras. Algunos tememos acercarnos al mundo con la verdad del evangelio de Dios porque nos asusta la confrontación. Otros temen lo que será de su reputación, su tranquilidad y su salario. Luego están los más sinceros, aquellos que quieren hablar pero no saben qué decir. Quizás porque lo único que saben de la Biblia es cómo explica que Cristo murió por el mundo, y a su parecer, ese conocimiento no alcanza. Sea cual sea la causa, el temor debe morir para que los muertos hallen la vida.

Esta idea puede sonar muy intensa, ya que el temor es una realidad constante para la mayoría. Quizás, entonces, necesitemos recordar cuál es el temor detrás de nuestros temores: es que la mayoría de nosotros no creemos que Dios en realidad nos acompaña, sino que él envía personas al mundo para enseñar a otros todos sus mandamientos, y luego los deja a su suerte. Recuerde, sin embargo, el testimonio de toda la Biblia. ¿Dios ha enviado alguna vez a su pueblo a hacer algo de valor eterno sin hacerlo él también *junto a ellos*? Ya sea al abrir la puerta a «esa gente», invitar a cenar a «ese amigo» o responder a la mentira capciosa de «ese grupo», usted no está solo en esto.

En el juego de las escondidas, algunos se esconden y uno los busca. La meta principal de quien busca es encontrar a quienes están escondidos. Es una versión de la caza, en la cual los niños disfrutan de «atrapar» a sus amigos. Algunos cristianos participan de la misma manera en el mundo que los rodea. Tratan a quienes se esconden —los pecadores, los incrédulos y los vecinos de otras religiones— como si fueran presas, no personas. Hemos visto cómo este juego se desempeña en nuestras familias, iglesias, en línea: cuando los cristianos (o supuestos cristianos) comunican correctamente la verdad pero de tal manera que terminan atentando contra la dignidad de aquellos a quienes les hablan.

El amor que Dios exige de sus santos no se trata solo de decir la verdad, sino de encarnar la verdad. Es decir, la verdad no es solo un sistema de creencias alineado a la realidad desde la perspectiva de Dios. La verdad es una persona. Dicho claramente: si Cristo es la verdad, para ser verdaderos proclamadores de la verdad, necesitamos reflejarlo a él cuando la proclamamos, para que aquellos que se esconden no solo oigan el evangelio de Cristo, sino que también lo vean y lo experimenten en el testimonio de sus embajadores. Cuando encarnamos la verdad, el amor y la compasión, se cultiva en nosotros una sabiduría particular que muchas veces falta en los recursos de evangelización y apologética. Lo común es que la instrucción gire en torno a la mente del evangelista y a la doctrina que debe conocer para que sean efectivos sus esfuerzos. El éxito del evangelista, sin embargo, no viene solo de conocer, sino también de *ser*. La intención de Dios es que la gente lo ame con todo el corazón, la mente y el alma, y por ende, la meta es atraer a la persona de manera integral con nuestro testimonio. No se trata de enfocarnos en la mente y dejar de lado el corazón, tampoco de acercarnos al corazón sin atender a la mente. Nuestro acercamiento a las personas es un proyecto integral.

Esta obra que tiene en la mano fue escrita por un hombre que da su mejor esfuerzo para enseñarle cómo decir la verdad con amor. Lo he visto hacerlo infinidad de veces. En innumerables ocasiones, cuando llaman a la puerta, ese testigo de Jehová detrás de ella ha recibido la bienvenida a nuestro hogar para tener una conversación. Yo he visto su curiosidad. Su oración. Sus desánimos y cómo aprendió de ellos. Su empeño en pos de que la verdad quedara en claro mediante sus palabras y fuera distinguible en su cuerpo. Lo he visto empaparse de las Escrituras, dándole vueltas en su mente hasta que la Palabra viva cobrara vida en él para que su predicación rebosara de intimidad en lugar de arrogancia. Cuando la mujer que adoraba a otros dioses cruzó su camino, él percibió que, para hacerle frente a su idolatría, primero tendría que reconocer el dolor que la condujo allí. No eligió la manera usual, la cual presupone que la gente solo necesita la verdad, y no un abrazo además. También lo he visto desafiar, denunciar y confrontar la mentira con una audacia que lo supera. Lo he visto entrar en salas y decir cosas por las cuales en otra época hubiera muerto apedreado. Sabiéndolo, las dijo igual.

Digo todo esto para afirmar que, una y otra vez, lo he visto ser como Jesús. Ese es el gran propósito de todo, incluso de esta obra: que usted no se esconda ni se ponga a cazar, sino que simplemente *sea* como nuestro Señor, lleno de gracia y verdad.

Jackie Hill Perry
Maestra de la Biblia;
autora de El Dios santo

INTRODUCCIÓN

«Oye, ¿tú crees en Dios?».

He iniciado muchas conversaciones con estas exactas palabras. Me encanta cómo una pregunta tan sencilla puede dirigir una conversación hacia cualquier lado. En especial, me encanta lo que Dios puede hacer con una conversación cuando un corazón se compromete a compartir la verdad con el mundo a su alrededor.

Hablar de Dios con las personas me nutre de una manera única. Es derramarse y llenarse a la vez. Me exige renunciar a algo de mí mismo, pero a la vez, no me siento como «yo mismo» si *no* comparto mi fe. Lo que intento decir, supongo, es que he aceptado que soy evangelista de corazón. Llevo en mi interior un profundo ardor por compartir el evangelio con aquellos que no lo conocen.

¿Cuál es el motivo de este ardor? Imagine que en su diario andar, y durante toda su vida, lo único que ve son personas muriéndose de sed, y usted sabe dónde pueden conseguir agua gratis. De hecho, la persona que tiene el agua gratis le ha dado a *usted* acceso al agua. Esta es la parte difícil: las personas que tiene a su alrededor no saben que se están muriendo. Ni siquiera saben que *tienen sed*. No solo necesitan que se les ofrezca agua, sino que muchos de ellos también necesitan que usted les demuestre que lo que necesitan para vivir es agua. ¿Decide *no* ofrecer el agua porque siente que ellos lo rechazarán? ¿O busca maneras de mostrarles que sí tienen sed y que alguien quiere darles algo de beber?

Esta segunda opción es la que me ha convocado en mi vida cristiana. El mensaje del evangelio es el agua que necesita este mundo moribundo. Jesús es quien nos ha dado acceso a la vida porque nos ha dado acceso a sí mismo. Él es la fuente de agua viva que nunca se seca. Jesús es quien quiere saciar nuestra sed para siempre. Si nosotros tenemos el evangelio, ¿por qué no lo compartimos con aquellos que lo necesitan?

Yo creo que, como cristianos, estamos *todos* llamados a compartir nuestra fe. ¿La razón? Jesús lo manda:

> Se me ha dado toda autoridad en el cielo y en la tierra. Por lo tanto, vayan y hagan discípulos de todas las naciones, bautizándolos en el nombre del Padre y del Hijo y del Espíritu Santo. Enseñen a los nuevos discípulos a obedecer todos los mandatos que les he dado. Y tengan por seguro esto: que estoy con ustedes siempre, hasta el fin de los tiempos.
>
> MATEO 28:18-20

Todos estamos llamados a compartir nuestra fe, pero eso se manifiesta de forma diferente en cada persona. Para mí, no importa dónde: en la barbería, en el aeropuerto, en el supermercado, en el asiento de un Uber. En verdad, no existe un mal momento para hablar con alguien del Dios que lo creó. Quizás usted sea diferente. Quizás no tenga un llamado especial a ser evangelista. Tal vez, compartir el evangelio con desconocidos en espacios públicos no es lo suyo. Está bien: Dios nos ha dado dones diferentes. La clave es reconocer que Dios puede —y quiere— usarlo, y estar dispuesto cuando lleguen oportunidades.

De esto se trata. Aunque es cierto que Dios me ha dotado con una personalidad particular que me facilita, más que a otros, hablar con desconocidos, no siempre me resultó natural compartir mi fe. Muchas de las cosas que hago son capacidades aprendidas. Debí esforzarme por desarrollarlas. También he aprendido bastante de mis propios errores. Créame, en mis intentos de compartir a Jesús con otros, ¡no me han faltado errores!

Quizás el temor a cometer errores le ha impedido a usted compartir la verdad con otros. En este libro, haremos guerra contra esos temores. El dios de este mundo quiere que usted se someta a esos miedos. El diablo no quiere que usted conozca al evangelista que lleva en su interior. El diablo no quiere que sepa que enfrentar sus propios temores —de pasar por ignorante, de decir algo mal, de ofender a alguien o de ser rechazado— lo ayudará a volverse un mejor testigo de Jesús... si tan solo entrega ese temor a Dios y se pone en marcha.

Quizás teme que tendrá que defender su fe contra aquellos que buscan atacarla. He visto que la palabra *apologética* (el término que se refiere a la defensa de doctrinas religiosas) a veces asusta a los santos de Dios. Creo que algunos sienten que para poder participar de diálogos apologéticos deberían ser fuentes de conocimiento o eruditos sobresalientes. Yo rechazo esa ideología. Nuestra apologética y nuestra evangelización siempre irán de la mano. Al compartirle mi historia, explicaré por qué creo que tendemos a complicar mucho tanto la evangelización como la apologética.

También reconoceré que muchos de nosotros esquivamos la apologética y la evangelización porque no nos gustó la manera en que fueron llevados a cabo. Algunos cristianos, al escuchar la palabra *defender*, pierden de vista el hecho de que el propósito de la defensa es ser testigos, no adversarios. Los vídeos de YouTube con títulos como «El cristianismo vs. el islam» suenan más a un combate de boxeo que a cristianos buscando ganar corazones. No podemos «hacer discípulos de todas las naciones» si adoptamos la postura de enemigos.

Por cierto, esta fue la razón para crear mi canal de YouTube, donde comparto consejos sobre cómo atraer a personas de otra fe con la verdad de Jesús y muestro algunas de mis conversaciones sobre Dios con personas con las que me encuentro en la calle. Mi deseo es alentar y equipar a los creyentes en Jesús para compartir su fe con audacia, verdad y amor.

He recorrido todo el mundo presentando mi poesía hablada[1]. El ver la profunda necesidad de Jesús a nivel global me ha hecho comprometerme más con la vida de las personas y me ha dado un mayor deseo de enseñar y compartir la Palabra de Dios. Me fascinó descubrir, al pasar por Sudáfrica, Nigeria, Kenia, Londres, Suecia y muchos otros lugares, que la gente alrededor del mundo tiene las mismas preguntas que tenemos en EE. UU. ¿Cómo comparto el evangelio con los no creyentes? ¿Cómo le digo la verdad a mi padre, un testigo de Jehová? ¿Qué le digo a mi hermano, un israelita hebreo[2]?

Este libro es mi humilde propuesta para responder preguntas como estas y compartir con usted sobre cómo decir la verdad del evangelio: en su propio contexto, con los dones que Dios le ha dado, a las personas que Dios ha puesto en su vida. Compartiré historias de mi propia vida —de mis éxitos y fracasos— para ayudarle a comprender cómo Dios puede utilizarlo para alcanzar personas con su amor y su verdad. Mis metas son dos: ayudar a los cristianos que no se ven como evangelistas a compartir su fe donde Dios los ha puesto y corregir el enfoque combativo que muchas veces vemos en la práctica la evangelización y la apologética. Compartir nuestra fe no se trata de ganar discusiones: se trata de ganar corazones. La manera de lograrlo es atraer al mundo que nos rodea, y hacerlo con verdad, dignidad y respeto.

Mi esperanza para usted es que, al leer este libro, no solo acumule información, sino que también desarrolle herramientas prácticas para aplicar esa información, de manera que honre a Dios al honrar a las personas.

Jesús dijo a sus discípulos que debían ser «astutos como serpientes e inofensivos como palomas» (ver Mateo 10:16). Las palomas y las serpientes son criaturas silenciosas. Muchas veces cuando adquirimos conocimiento, sin embargo, podemos volvernos muy ruidosos.

Yo creo que Jesús nos está dirigiendo hacia una astucia que genere una tranquilidad apacible con aquellos que no lo conocen. Jesús les dijo a sus discípulos que fueran como serpientes, astutos y sigilosos, no para hacer el mal como una serpiente (todos sabemos del jardín de Edén), sino para hacer el bien a la vista de todos pero sin que se den cuenta. También les dijo a sus discípulos que fueran inofensivos como las palomas para que cada persona se sintiera mejor.

Mi deseo en este libro es ayudarle a ver que, cuando decimos la verdad del evangelio, no solo nuestras palabras son de importancia: tiene el mismo peso nuestra manera de decirla. Entonces, siga leyendo y aprenda de mi historia una mejor manera de decir la verdad.

1

UN EVANGELISTA IMPROBABLE

Una de las cosas que intento poner en claro a través de mi canal de YouTube y mis charlas sobre evangelización es que no se necesita una licenciatura en Teología ni saber toda la Biblia versículo por versículo para decir la verdad del evangelio a otros. Dios utiliza personas normales e incluso personas improbables. Como usted. Como yo.

A pesar de ser una persona muy comunicativa, no deja de asombrarme que Dios decida utilizarme a mí para dar a conocer su gloria. Este libro no es una autobiografía, pero quiero comenzar la conversación comentando de dónde vengo, o más bien, de cómo Dios me trajo hasta aquí. Porque si Dios puede utilizarme a mí para ganar corazones (y no solo discusiones), en definitiva puede usarlo a usted.

La casa de mi abuela, al extremo sur de Chicago, era refugio de verano para mí y todos mis primos. Por cierto, Chicago no era ningún paraíso; aun así, esos veranos que pasamos con mis primos en lo de mi abuela eran un deleite para mí. Debe haber sido por la alegría de estar juntos.

Imagínenos: crecíamos rodeados de hombres anclados como estatuas en las esquinas. Hombres del barrio que lanzaban los dados, esperando ganarse una moneda para sus familias. Se empujaban, forcejeaban, peleaban y apostaban, pero lo intentaban. Ganaban y perdían a diario.

Nuestros veranos en Chicago eran una cuerda floja entre la vida y la muerte. Mis primos y yo esquivábamos balas mientras jugábamos al lado de bocas de incendio sueltas que bañaban de agua nuestro barrio. Dejábamos abiertas las bocas en las esquinas mientras bailábamos cerca de la muerte como si fuera normal. Era *nuestra* normalidad. Así nos criamos, con pocos temores, como aquellos que nos rodeaban.

> DIOS UTILIZA PERSONAS NORMALES E INCLUSO PERSONAS IMPROBABLES. COMO USTED. COMO YO.

En las calles de nuestro barrio se amontonaban niños en diferentes tonos oscuros, pero todos los corazones eran de un mismo tono de coraje. Cuando por fin al crepúsculo le crecían las piernas y nos mandaba corriendo a casa, entrábamos al hogar para zambullirnos en la sonrisa de nuestra abuela. Su casa era única: fiesta y santuario. La veíamos transformarse en mil armonías preparando la cena para trece nietos varones. No sabíamos lo privilegiados que éramos al anidar en sus canciones a la hora de dormir, al crecer plantados en su tierra fértil. No entendíamos en ese momento que sus oraciones nos mantenían con vida por otro día más, cuando la maldad caminaba por las calles de nuestro barrio, ardiente de violencia, buscando desintegrar nuestra melanina.

Mis primos y yo optábamos por dormir en el suelo del sótano para estar cerca los unos de los otros. Supongo que esa era la única manera que conocíamos de decir «te amo». Decir: «Estos veranos que pasamos juntos son especiales». Nos trasmitíamos esos «te amo» en las bromas que nos hacíamos todas las noches. Las conversaciones nocturnas y el intercambio de secretos sobre chicas nos acobijaban bajo las sábanas. Nos quedábamos dormidos uno a uno, bajo el tenue resplandor de la luna que se asomaba por la pequeña ventana que había sobre nuestras cabezas. Pasé muchas noches antes de dormir empapándome en lo poderoso que me sentía junto a mis primos. Ahí estaba yo: el Preston preadolescente, burlándome de la amenaza de la muerte y desafiándola a volver por nosotros mañana.

La mañana siempre nos encontraba listos para saltar de la cama. En esa época, concebíamos el sueño como una necesidad inconveniente. Con la emoción de comenzar el día, nos lanzábamos por la puerta de la casa para perdernos en la ciudad, muy temprano y ¡muy rebeldes! para los gustos de mi abuela. El viaje en tren que atravesaba cada localidad era más que un mero traslado cotidiano. En ese viaje flotante por los barrios, mirar por las ventanas nos recordaba nuestra posición en la ciudad.

El sur de Chicago era misteriosamente trágico, un hecho que nos era evidente hasta en ese entonces. No existían dos días iguales en nuestro rincón de la ciudad, aunque todos los días se relacionaban entre sí. Cada día venía con sus tiroteos, peleas de puños y acoso policial. En esa época, la vida en la ciudad era como estar atrapado en una rocola defectuosa que se niega a repetir canciones, saltea la que uno selecciona y, aun así, hace que todas suenen igual.

Con todo, los barrios que habitábamos consistían en mucho más que solo balazos y venta de drogas. Rebalsaban de risas y de comunidades fuertes y unidas. Con frecuencia, el aroma a barbacoa nublaba el cielo a nuestro alrededor y nos llevaba corriendo hacia alguna parrillada cercana. Las radios ponían a todo volumen la música de mi juventud. La nuestra era una comunidad construida con generosidad por gente decente. La mayoría de los hombres de mi barrio jamás podrían pisar una universidad, pero hacían malabares con tres o cuatro oficios para seguir poniendo comida caliente en la mesa. La tierra incrustada en sus manos era siempre señal de trabajo digno. Cuando necesitábamos arreglar algo en la casa, no buscábamos en el directorio telefónico: llamábamos a Johnny de la otra cuadra. Él podía reparar nuestro calefón y cambiar la transmisión del coche y, aun así, llegar a casa a tiempo para acostar a sus hijos en la cama.

Cuando el sol de verano empezaba a retirarse por la noche,

los mayores salían a sentarse en el porche, tomar té dulce y completar sus crucigramas. Siempre sentí que velaban por nosotros: no exactamente como ángeles pero, de todos modos, puestos allí por Dios para cuidar de nosotros.

En ese entonces, yo no conocía los planes soberanos del Señor. No percibía su mano ni su rostro en mi vida cotidiana, pero sí podía verlo a través de mi abuela: su espíritu permanecía tranquilo en medio del caos de la ciudad. Ella nos hablaba de Dios como si fuera un amigo cercano de la infancia. Ella veía la bondad del Señor dondequiera que mirara. Su gozo se renovaba a diario y rebosaba en exclamaciones y cantos de adoración a lo largo del día.

Aunque mis primos y yo no vivíamos como debiéramos, ella nunca nos predicó ni nos sermoneó. Solo vivía su fe a voz en cuello y oraba que Dios corriera tras nosotros y nos alcanzara antes de que lo hiciera una bala.

La fe de mi abuela no era la única influencia sobre mí cuando buscaba el sentido de las cosas. Yo era un niño muy indagador: el mundo a mi alrededor era un rompecabezas del cual resolvía cada día un poco más. Siempre tenía en la punta de la lengua una pregunta para alguien. Y todas las personas tenían una respuesta diferente. Cada sábado, la Calle 117 se volvía una amalgama de personas que impulsaban sus agendas. Los vendedores de drogas, acobijados en los callejones de la ciudad, fijaban un ojo en un puñado de billetes y el otro en los coches de policías encubiertos que atentaban contra su libertad. Los hombres de la Nación del Islam[3] y de los israelitas hebreos[4] ocupaban cada uno su propia esquina en la calle principal. Su pasión era atronadora.

Los israelitas hebreos gritaban a cada afroamericano que pasara por su lado de la acera: «¡Somos el pueblo escogido! ¡El que llaman "hombre negro" es el hijo perdido de Israel! ¡El hombre blanco nos ha mentido durante años!». Leían de la Biblia a viva voz para que todos alrededor pudieran oírlos. Un hombre leía y luego otro desglosaba su interpretación de la Palabra de Dios. Sus explicaciones siempre se remitían a su creencia de que los afrodescendientes eran la tribu escogida, y no al Dios del cual oíamos en las canciones de mi abuela. Como resultado, nos acostumbramos a su agresividad. Muy pocas personas entraban en diálogo con ellos pero, cuando alguien lo hacía, mayormente se desencadenaba una conversación hostil. Los israelitas hebreos tenían reacciones viscerales al ser desafiados. Con frecuencia, exasperaban a sus opositores con bromas groseras e interrupciones continuas. En consecuencia, la mayoría los ignoraban al pasar. Yo siempre escuchaba sus argumentos. Los escuché durante años.

Los hombres de la Nación del Islam eran notoriamente dedicados. Vestidos en sus trajes pesados en pleno verano, ofrecían copias de la revista *The Final Call* (El último llamado) a cualquier coche que pasara con la ventanilla abierta. Su acercamiento se destacaba por lo diferente que eran de los israelitas hebreos. Eran hombres tranquilos, amables y disciplinados. Sin imponernos jamás su religión, nos ofrecían con cortesía sus publicaciones y unas tartas de frijoles a un precio bajo. Por esta razón, eran una de las organizaciones más estables y respetadas del barrio. Reclutaban muchos hombres jóvenes que iban en busca de esperanza y guía espiritual en una comunidad tan llena de caos.

Alrededor del mediodía, los testigos de Jehová salían de su «Salón del Reino» local y se daban prisa a las puertas de todas las casas de la zona, con sus folletos y sonrisas impostadas. Eran tan consistentes que no había ni una sola casa en ninguna calle que no supiera cuándo esperarlos. Ya sea que buscaran esquivarlos o los recibieran como visitas, todos sabían que los testigos venían con su mensaje.

Hoy comprendo que todos los seres humanos tienen un mensaje. Toda persona en todo barrio del mundo comunica alguna clase de sistema de creencias.

A lo largo de mis veranos en Chicago, los mensajeros de la fe variaban desde el buscavidas que me enseñaba cómo conseguir dinero, mi abuela que nos decía que no saliéramos a la calle, algún muchacho que buscaba ascender en su pandilla con palabras de amenaza y alardes, hasta un hombre religioso con una sonrisa y un folleto.

Para todos ellos, no quedaba duda de que el barrio era tierra fértil. Hoy reconozco que Dios estaba usando esa tierra para moldearme para la cosecha.

Cuando entré en la adolescencia, Dios me perseguía aunque en ese entonces no me daba cuenta.

No lo veía porque estaba demasiado ocupado corriendo tras una chica que me gustaba. Sus padres tenían una iglesia en su hogar, en el mismo complejo de apartamentos en el que yo vivía. Todos los domingos por la mañana, unas dos docenas de los fieles del barrio se reunían hombro a hombro en la sala de estar de la familia, en sillones gastados que rodeaban a un conjunto apretado de sillas desplegables, para escuchar la prédica de su padre. Asentían y exclamaban «¡amén!» con gritos entusiastas en respuesta a su ardiente sermón.

De ninguna manera me podía considerar un concurrente regular, pero, ese domingo en particular, el sermón me llamaba por mi nombre.

Llegué tarde, entonces me senté al fondo. Aun así, las palabras del pastor saltaron del púlpito como una fiera salvaje y comenzaron a devorar mi conciencia. Me advertía que si no nos «volvíamos de nuestro pecado, nos arrepentíamos y poníamos nuestra esperanza en Jesús», entonces veríamos la justa ira de Dios.

—Cada uno de nosotros se presentará delante de Dios un día —proclamaba—. Algunos de nosotros lo encontraremos como un amigo y otros como un juez. Si piensan que, porque Dios es amor, no destruirá lo que odia, ¡entonces, no comprenden qué es el amor!

Esto me sacudió. Había escuchado a otros predicadores hablar de Dios antes pero nunca así. Era la primera vez que había entendido que yo era un pecador y que a Dios le molestaba mi manera de vivir.

Aun así, no me entregué a Jesús esa mañana. A partir de ese día, sin embargo, me sentí sumamente consciente de que Dios me observaba.

Me observaba cuando entraba en casas ajenas y robaba lo que no era mío.

Me observaba cuando fumaba hierba y cuando vendía drogas.

Me observaba cuando peleaba y cuando fornicaba y cuando me echaban de la escuela una y otra vez.

Me observaba haciendo todo tipo de cosas locas, inmorales y pecaminosas.

Yo sabía que Dios estaba enojado conmigo. También sabía que decirle «sí» a él implicaba decirle «no» al pecado que yo tanto amaba, aunque este jamás me respondiera con amor.

Era un día cálido y primaveral. El murmullo de la mañana era calmo, como todas las mañanas que la precedieron. Aún seguía en cama cuando oí el eco de balazos a lo lejos.

¿Quién estará disparando tan temprano por la mañana?

Oí disparos por segunda vez, y ya parecían estar más cerca. Saqué la cabeza por la ventana. Allí estaba mi amigo Chris, corriendo entre dos edificios de apartamentos por la calle de mi casa. Corría como si la muerte lo persiguiera: con los ojos bien abiertos y las mejillas cargadas de terror. Cinco segundos más tarde apareció un hombre que yo no conocía, corriendo en la misma dirección, ciñendo una pistola en el puño y disparándole a mi amigo como si estuviera en una misión. Esos disparos lo mandaron al suelo.

Bajé las escaleras corriendo y llamé a mi mamá al pasar por la cocina.

—¡Alguien acaba de dispararle a Chris!

Mi grito desesperado solo fue superado por el de mi amigo

Slim, quien era más cercano con Chris. Cuando llegué hasta Chris, Slim y nuestro otro amigo Hollywood ya lo estaban levantando del suelo para acercarlo más a la casa de Slim.

Los tres nos inclinamos alrededor de él, impotentes al oírlo clamar una y otra vez: «¡No me dejen morir! ¡No me dejen morir!» mientras brotaba una cascada de sangre cerca de su clavícula. Hollywood se quitó la camisa y la presionó con fuerza contra el sangrado.

—¿Qué hacemos, amigo? ¿Qué hacemos? —gritó Slim, y buscó una respuesta en mis ojos. No encontró ninguna.

—Tenemos que llevarlo al hospital —dijo Hollywood. Puso sus brazos debajo de los de Chris para sentarlo.

—¡Muchachos! —Mi mamá salía corriendo hacia la calle en su bata y pantuflas, con una gran toalla de baño en la mano.

—¡No lo muevan! ¡No saben dónde está la bala! —Hay cosas que una madre no debería saber, como que una bala de punta hueca está diseñada para decorar mejor el interior del cuerpo. Una bala normal entra y sale del cuerpo en línea recta, pero la de punta hueca es creativa. Cuando entra al cuerpo hace lo que se le da la gana. Una vez adentro no se puede saber qué daños causará con solo mirar desde afuera.

—Solo acuéstenlo —nos dijo—. Ya llamé al 911. Están en camino. —Luego, como si fuera su sexto sentido, se arrodilló para ocuparse del flujo de sangre.

—No me dejen morir. No me dejen morir. —Los ojos de Chris no podían quedarse quietos. Parecían pájaros ciegos aleteando frenéticamente en el crepúsculo. Su voz menguaba como si cantara la última frase de una canción triste.

—Shhh... No hables, hijo. —Mi mamá acariciaba sus heridas con palabras tiernas para calmar su mente—. Todo va a estar bien. Ya viene el auxilio.

Yo miraba con impotencia. Intentaba sostener su cabeza y mantenerla quieta, pero mi mano no colaboraba: temblaba sin cesar sin mi permiso. La sangre parecía venir de todas partes y bañaba la acera, mis pantalones, mi camiseta... Un río rojo de vida abandonaba a mi amigo, justo frente a mí.

—Preston. —La voz de Slim me traía de regreso a la orilla de ese mar rojo—. Compa, tienes que orar por él.

Me quedé paralizado. Según mi entender, era casi imposible estar más lejos de Dios que yo. En esencia, solo repetía cosas que había oído de mi abuela, pero para Slim y Hollywood, eso parecía madurez espiritual.

—Sí, hermano... Ora por él, Preston —suplicó Hollywood. Todavía recuerdo la desesperación de sus voces. En ese momento, sentí que mi hipocresía quedaba expuesta del todo. No podía fingir que conocía al Señor en un momento así.

Miré a Chris. Caían lágrimas frescas de sus ojos y corrían por viejas marcas de lágrimas secas de color blanco fantasma mientras mi mamá presionaba su toalla ahora empapada en sangre contra la clavícula, donde el sangrado parecía más pesado. *Balas de punta hueca.* Una de ellas había entrado por su espalda, floreciendo brutalmente por su carne como una flor a principios de primavera, desgarrando músculos, tejidos blandos y arterias a medida que se movía por el cuerpo buscando salida.

—Por favor, no me dejen morir.

Abrí mi boca para hablar, pero mi conciencia detuvo las

palabras en mi garganta. ¿Quién era yo para pedirle ayuda a Dios? Era un enemigo de Dios, al igual que Chris. Esa sangre que me bautizaba la ropa esa mañana tranquilamente podría haber sido la mía. ¿Por qué me escucharía Dios a mí?

—Aguanta, hermano. —Extendí el brazo hacia un bolsillo y agarré mi teléfono. *Responde, por favor.*

—¿Señora Collier? —Ella era pastora y la madre de mi ex. Yo sabía que Dios la escucharía—. Sí, habla Preston. Estoy aquí con Chris. Le han disparado, y se ve muy mal. ¿Puede orar por él, por favor?

Ella me pidió que acercara el teléfono al oído de Chris. Me incliné para escucharla guiándolo en la oración de fe.

—Chris —dijo—, necesitas pedirle al Señor que te perdone por tus pecados.

Cerré los ojos con fuerza. *Hermano, hazle caso.* Una sirena sonó a lo lejos: era para Chris.

—¿Me escuchas? —preguntó ella—. Necesitas pedirle al Señor que perdone tus pecados.

Pudo haberme dicho lo mismo a mí.

—No quiero morir. No quiero morir. —La voz de Chris ya era apenas un murmullo.

—Preston, necesito que presiones esto aquí —dijo mi mamá, señalando con la cabeza a la toalla manchada de carmesí presionada contra la clavícula de Chris—. Se está desangrando. Necesito buscar otra toalla.

La señora Collier solo seguía repitiendo:

—Pídele al Señor que te perdone.

—No quiero morir.

—¡Preston! —mi madre casi gritó—. ¿Me escuchaste?

Solo podía oír las palabras de doña Collier haciendo eco en mi mente.

«Pídele al Señor que te perdone».

—¡Preston!

«Pídele al Señor que te perdone».

No quiero morir.

No quiero morir.

No siempre se nos concede lo que queremos.

Ese día, camino al hospital, se acabó la vida de Chris.

La mía acababa de empezar.

La muerte de Chris fue un llamado de atención. Sabía que tenía que cambiar mi manera de vivir. Eso era muy difícil de hacer, ya que todos mis amigos también eran delincuentes. Más tarde esa semana, llamé a mi tía Denise. Ella era pastora de una iglesia en Olympia Fields, un barrio distante alrededor de treinta kilómetros al sur de Chicago, y me permitió quedarme con ella un tiempo. Solo con una condición.

«Si vas a vivir en esta casa, tendrás que ir a la iglesia», dijo.

¡Vaya! Mirando hacia atrás, a pesar de mis dudas, hubiera jurado que Dios me estaba tendiendo una trampa.

Mi tía era una mujer justa. Medía poco más de un metro y medio, pero su sonrisa medía más que el mundo entero. Me recordaba a mi abuela. Las canciones que cantaba por la mañana conmovían mi corazón, como lo hacían las de mi abuela. Vivía su fe a todo volumen. Ella era líder y muy buena maestra de la Biblia en público, pero yo podía observar cómo era en privado y eso era bueno para un alma joven como la mía, un alma que estaba buscando a Dios en un mundo lleno de mentiras y de voces que buscaban ganarse mi adoración.

Mi tía Denise me abrió las puertas de su hogar en un momento en que tenía pocas puertas a mi alcance. No había muchas opciones para un joven como yo, sin visión alguna de lo que quería ser o hacer en la vida. Aun así, la tía Denise me invitó a una vida estable y a un lugar que podía llamar mi hogar. Me ayudó a inscribirme en un instituto terciario vocacional. Ella tampoco sabía cuál era mi llamado en la vida, pero sabía que necesitaba estructura. Su presencia en mi vida me brindó exactamente eso.

No solo eso, sino que cumplió un papel crítico en mi salvación.

Durante las primeras semanas que viví con ella, amanecía con una sustancia aceitosa en la frente. Algunas mañanas, cuando me cepillaba los dientes, mis ojos percibían en el espejo ese brillo sobre mi frente. Me sentía muy confundido. Por un tiempo, solo Dios sabía por qué parecía que alguien me hubiera pasado pollo frito por la cara mientras dormía.

Luego, una noche, todo cobró sentido.

Eran alrededor de las cinco de la mañana. Yo por lo general estaba dormido, pero esta vez mi cuerpo reposaba en un sueño menos profundo. Por eso, cuando alguien me tocó la cabeza, me desperté confundido y asombrado. Al despegar los párpados, vi a mi tía de pie frente a mí con un frasco de aceite en sus manos y el rostro suspendido en un suave clamor. Me incomodaba su presencia, entonces cerré mis ojos tan rápido como los había

MIRANDO HACIA ATRÁS, A PESAR DE MIS DUDAS, HUBIERA JURADO QUE DIOS ME ESTABA TENDIENDO UNA TRAMPA.

abierto. Me mantuve en silencio, tan quieto como un océano que no quiere despertar a sus olas. Esperé para ver por qué estaba en mi cuarto.

Tocó mi frente de nuevo, esta vez deslizando aceite con los dedos. Comenzó a orar por mí.

—Salva su alma, Señor.

»Guarda su entrada y su salida.

»Guárdalo, Señor.

»En tu ira, Señor, recuerda tu misericordia.

»Revélate a él.

»Hazte conocer en su corazón».

Estas eran algunas de las oraciones que formulaba en gemidos silenciosos mientras las lágrimas corrían desenfrenadamente por sus mejillas. Sus oraciones sonaban como si estuviera suplicándole a Dios por mí; su desesperación se aferraba a cada palabra de una manera tan preciosa y delicada, como un mendigo sosteniendo oro frágil en sus manos desgastadas. Podía sentir su amor por Dios y por mí fluyendo por mi cuerpo, como si su oración fuera el vehículo de Dios para depositar su gracia en un alma que todavía no lo conocía.

Ahora mi cuerpo estaba despierto por completo. Dios me preparaba para despertar mi alma.

Un par de días después, en medio del desayuno, tía Denise anunció: «He invitado un joven a venir y hablar contigo hoy. Creo que te va a caer muy bien. Estudia en el Instituto Moody».

Mis hombros se encorvaron. Escondí la cara para no mostrar lo poco entusiasmado que me sentía con la visita. Sabía cómo eran los del seminario, y no necesitaba pasar la tarde escuchando sermones de un aspirante a Billy Graham con la camisa almidonada.

Dos horas más tarde, mi tía y yo estábamos sentados en el porche cuando llegó el hombre, conduciendo un Mustang. Esperé, incómodo, mientras aguardaba que saliera del vehículo. Aunque tuviera ese coche brutal, yo sabía que estaba por ver a otro típico asistente de iglesia, de esos que me habían juzgado toda la vida. Pero me sorprendí. Aunque sus pantalones vaqueros holgados parecían tener mucho uso, no dejaba de estar de moda. Llevaba zapatillas de marca Jordan pero no las de Team Jordan que solían usar los muchachos menos populares de la secundaria. Las suyas eran de las más difíciles de conseguir, aquellas por las que madrugábamos los sábados para hacer fila en Foot Locker. También llevaba puesta una gorra de los Bulls, la cual de inmediato quise para mí, y una sudadera con capucha negra. Su apariencia me llamó mucho la atención. Pensé: *Este hombre no parece cristiano. ¡Parece ser del barrio!* Se acercó con una gran sonrisa, y no parecía falsa. Se veía sinceramente entusiasmado por conocerme. Me acercó su puño.

—¿Qué onda, hermano? Soy Gary.

—¿Qué onda, amigo? —dije—, soy Preston.

Nos dimos la mano. En la comunidad negra, darse la mano es la primera estrategia para detectar si uno tiene algo en común con el otro. Puede marcar la diferencia entre abrirse a una conversación o buscar una salida rápida. Gary me saludó como toda la gente con quien me había criado.

Él no paraba de sonreír.

—Sí, tu tía me contó de ti. ¡Vaya! —Sacudió la cabeza—. Vives con una gran mujer de Dios. Ella oró por mí muchas veces, compa.

—Oí que vas a Moody... ¡parece que sus oraciones funcionaron! —bromeé. Nos reímos juntos.

Luego él cambió de tema.

—Oye, ¿juegas al básquet?

—Obvio. —Asentí.

—Genial. Iba a ir a Washington Park, a ver si puedo sumarme a algún grupo para jugar. ¿Quieres venir?

¿Washington Park? Ese era un barrio complicado. *¿Quiere entrar a ese barrio con su Mustang sin ser de ahí? ¿Busca que nos roben?*

—¿Estás seguro? —pregunté—. Sabes que es medio turbia la zona, ¿no?

Su sonrisa confiada se intensificó.

—Todo bien, compa. Conozco a varios de ahí. Siempre lanzamos al aro por allá.

En el camino a la ciudad, Gary me contó un poco sobre él. Resultó que había sido miembro de una pandilla y vendedor de drogas, criado en uno de los peores barrios de Chicago. Su padre era pastor, pero Gary no iba a la iglesia muy seguido. De hecho, su padre lo obligó a elegir: la iglesia o la calle. Gary eligió la vida callejera, pero renunció a ella cuando Dios sopló nueva vida en su interior.

¡Vaya! ¡El hombre era casi igual a mí! Solo había una diferencia.

—¿Cómo vas con el Señor? —me preguntó mientras salía de la autopista.

—¿Con el Señor? —Lo pensé por un segundo—. Y... Vamos bien.

No podía detectar si me creía o no, probablemente porque ni yo me creía. Gary tuvo la amabilidad de no hacer más preguntas.

—Bien, bien. —Y el asunto quedó ahí.

Cuando llegamos a Washington Park, Gary no dudó en arrimarse directamente a un grupo de muchachos que jugaba en la cancha de baloncesto. Al acercarse a ellos, Gary abrió su sonrisa tanto que resultaría imposible considerarnos una amenaza.

—¡Qué onda, hermanos! Me llamo Gary. Él es Preston. ¿Qué tal si jugamos con ustedes?

En un primer momento, no dijeron nada y nos miraron fijamente durante lo que pareció una eternidad. Finalmente, rompieron el silencio.

—Sí, estamos jugando al "veintiuno". Se pueden sumar.

—¡Genial! —Gary aplaudió. Luego, simplemente empezamos a jugar.

Descubrí que Gary era muy dotado en esto. Podía entrar en conversación con cualquiera y siempre generaba algún tipo de afinidad. Luego, cuando terminaba el juego, Gary compartía su fe. Algo como: «¡Vaya, amigos! Disfruté mucho jugar con ustedes. Me dio gusto». Luego continuaba con algo como: «Esto puede parecerles raro, pero ¿puedo orar con ustedes?

Están pasando muchas cosas. Mueren muchos muchachos por aquí. ¿Les molesta si oramos?». Siempre aceptaban. ¿Qué otra respuesta podían dar? Nos acercábamos para tomarnos de la mano y orar en la cancha de baloncesto. La primera vez que lo hicimos, yo pensaba: *Este está loco. Estamos en Washington Park, y ¿les pide a estos hombres de la calle que oren con él?*

Gary oraba. Una oración sincera. Casi todas las veces que oraba, eso conducía a una conversación.

Siempre compartía su historia de cómo fue parte de una pandilla en Chicago hasta que Jesús lo salvó. Antes de que pudiera perder su atención, decía: «No estoy tratando de predicarles, ni nada así. Esto es solo lo que Dios hizo con mi vida. Un día conocí a Jesús y nunca más fui el mismo».

Todo lo que hacía Gary me fascinaba. Era solo un hombre más de Chicago. No tenía nada de falsedad, ninguna pretensión, y eso era refrescante.

Cuando empecé a pasar tiempo con Gary, dejé de hacer muchas de las cosas que hacía antes. Había empezado a imitar su vida. Puesto que lo imitaba, creo que empecé a convencerme de que teníamos el mismo corazón, que yo ardía por el Señor tanto como Gary, pero yo no tenía un corazón nuevo. Yo no era cristiano. Todavía.

Mi corazón no había renacido, y el día en que eso se me hizo evidente con todo su peso quedará grabado en mi mente para siempre.

Era un jueves por la tarde. El sol brillaba como loco; sus rayos caían sobre los hombros de Chicago y daban vida al cuerpo maltratado de la ciudad. Gary vino a recogerme para lanzar al aro en Washington Park. Como ya había observado, Gary iba a propósito a los barrios más violentos para lanzar al aro y después compartir el evangelio con los muchachos en la cancha.

Antes de ir a jugar, Gary tenía que ir al banco. Condujo su Mustang hacia la fila del autoservicio. La cajera era una chica hermosa de piel acanelada, con cabellos enrulados de un bello y sedoso color arena con mechas negras. Desde mi lugar en al asiento de acompañante, vi sus ojos atrapar a Gary y retenerlo con fuerza, como si quisiera bailar con él o escuchar bien de cerca el latir de su corazón. Cuando le pidió la tarjeta de identificación, su sonrisa decía: *Háblame, yo sé tu nombre, pero quiero que sepas el mío.* Gary la aplacó.

—¿Cómo va tu día? —le preguntó con timidez.

—Ahora va mejor, después de verte a ti —respondió ella.

Gary se rio, inclinó la cabeza y sonrió hacia abajo para que ella no viera en su rostro el flamante sonrojo que había provocado. Me quedé sentado en silencio con los oídos bien abiertos mientras ella coqueteaba y extendía la charla con Gary. Yo estaba seguro de que al terminar esta interacción, él tendría su número o ya la hubiera invitado a salir.

Me sorprendió que no fuera así.

Al concluir el trámite, Gary puso fin a la conversación, le deseó un buen día y salió a toda velocidad. Al marcharnos eché un vistazo hacia la cara de la joven: había quedado perpleja. Yo también estaba confundido, y en secreto me avergoncé de Gary en mi corazón. Tenía que estar loco para no aprovechar las insinuaciones de una mujer tan hermosa, cuando ella le entregaba toda su atención en bandeja de oro.

Durante diez minutos, Gary condujo en silencio: su rostro sumido en profunda reflexión mientras miraba fijamente por la ventana. Supuse que se arrepentía por haber dejado ir a una mujer tan bella.

Gary detuvo el coche junto a la acera.

—Oye, P. —dijo—. Quiero pedirte perdón, hermano.

—¿A mí me pides perdón? ¿Por qué? —Mi rostro estaba pintado de signos de pregunta.

—No fui un buen ejemplo recién, en el banco, cuando hablaba con esa chica —respondió Gary, su rostro desolado e inexpresivo como una iglesia vacía en domingo. Yo seguía perplejo.

—Fue ella la que coqueteaba contigo —dije—. ¿Tú qué hiciste de malo?

—Lo sé. Lo sé —replicó Gary—, pero mi motivación no era la correcta, Preston. Desde hace tiempo, esa chica me anda hablando así, y esta vez le abrí la puerta, ¡y lo peor es que tú estabas en el coche y lo presenciaste! No tengo intenciones reales con ella, pero mientras hablábamos, todos mis pensamientos eran lujuriosos. Me siento tan culpable, compa. ¿Podrías orar conmigo?

Aunque yo seguía un poco confundido, le respondí:

—Claro que sí, Gary. Oremos.

Me asombré cuando Gary comenzó a hablar con el Señor,

pidiéndole perdón. Su oración era tan sincera... Gary le hablaba a Dios como si fuera un buen amigo a quien acababa de decepcionar. Mientras Gary oraba, mi mente se aceleraba. Su oración pasó a un segundo plano y subió el volumen de mis pensamientos. Intenté convencerme de que la reacción de Gary era excesiva. Entonces pensé: *Quizás es solo un exagerado, al igual que todos los de iglesia*. Por otra parte, Gary no era como nadie «de iglesia» que yo conociera. *No, no puede ser eso.* Aquí veía a un hombre un par de años mayor, pero todavía joven como yo, quien vivía sus convicciones aun cuando no había nadie presente para verlo y aplaudirlo.

Jamás había visto a un hombre joven huir de la lujuria como si toda mujer que él no pudiera llamar «esposa» estuviera hecha de llamas. No podía negar que había presenciado un momento puro y genuino. Así fue como se prendió una luz en mí. Una dura verdad se introdujo en mi mente, como si alguien la hubiera colocado ahí: *De esto se trata en realidad amar a Dios, y yo no lo amo como Gary lo ama*. Ese día, la vida de Gary me mostró que yo era un cementerio: muerto por dentro.

Quería lo que tenía Gary. Solo necesitaba descubrir cómo conseguirlo.

Después de lo que sucedió con Gary, pasé el resto de la semana sintiéndome confrontado con el peso de mi pecado. Ya era demasiada carga para mi alma agobiada.

Eso es lo interesante del pecado. Se puede convivir con él sin problemas durante toda la vida hasta que te llega la consciencia de lo ofensivo que es para un Dios santo y justo. Entonces, se vuelve un huésped molesto e indeseado en el hogar de tu corazón.

Ahora bien, había un problema. Yo no sabía cómo debía verse el arrepentimiento. No podía recordar las palabras de la oración que doña Collier le decía a Chris ese día mientras él se moría en la calle. Ni siquiera sabía si yo tenía que decir esa oración. Lo único que tenía en claro era que yo no conocía a Dios y eso me pesaba mucho en el corazón.

Me levanté y empecé a dar pasos entre la cama y la ventana, buscando las palabras correctas para hablar con Dios. Solo quería pedirle perdón, pero las palabras rehusaban venir a mi boca en la nueva luz de la mañana.

Comencé a llorar como si mi corazón estuviera roto, porque de verdad lo estaba. Hacía tiempo que sentía que Dios me llamaba hacia él. Ahora estaba listo para rendirme, aunque no podía encontrar las palabras adecuadas. Lo que sé hoy, pero no sabía entonces, es que Dios no necesitaba mis palabras: estaba escuchando mi corazón. De hecho, me había estado hablando al corazón durante toda la mañana. Lloré sin parar durante una hora.

Para entonces el sol ya había devorado el crepúsculo e invadido mi dormitorio, y por fin se detuvo el diluvio de lágrimas. Me acerqué al espejo que colgaba sobre la cajonera al lado de mis pósteres de Tupac y DMX, para mirar mi reflejo a los ojos. Me pregunté si allí vería la misma vergüenza que sentía en mi corazón. Todo lo que vi fue a un hombre quebrantado. No sabía si eso era bueno o malo. Mis ojos estaban hinchados de angustia. Los surcos de lágrimas, ya secos sobre mi rostro, parecían las líneas de un mapa hacia la libertad, aunque todavía no sabía cómo llegar. Solo sabía que anhelaba amar a Dios como vi que lo amaban mi abuela, la tía Denise y Gary.

Lloré de nuevo. Tanto llanto me frustraba, si bien era una especie de limpieza profunda. Comencé a pensar en todas las cosas malas que había hecho, que merecían la muerte, y empecé a articular palabras: «Lo siento, Dios, perdóname. Lo siento, Dios, perdóname». En ese momento, una dulce presencia me envolvió como una manta. Mi corazón sintió un cálido alivio, parecido al sentir de la piel cuando el sol besa al cuerpo después de nadar en agua helada.

Exclamé y dije: «Señor, quiero amarte como te ama Gary». Todavía puedo sentir el aroma de ese momento, aún puedo saborearlo. Fue el mejor momento de mi vida. En ese momento, mi corazón decía: «Aquí está, Dios, tómalo. Sí, Dios, te tomaré a ti en lugar de la culpa atroz y la aflicción abrumadora». Me arrodillé junto a mi cama y agradecí a Dios por la libertad que sentía. Le agradecí una y otra vez, hasta que me agoté y quedé postrado en la alfombra gastada de mi dormitorio. Cayó una dulce quietud en mi cuarto, como una madre arrullando hasta dormir a una nueva vida. La serenidad entró en mi cuerpo y se asentó en mis huesos. La tranquilidad reposó en lo profundo de mis tejidos. Jamás había conocido tal sensación, pero supe que era paz. Dios había oficialmente levantado mi corazón de la jungla de asfalto y me invitaba a un jardín, uno donde la muerte estaba ausente y la vida me rodeaba. Allí, mi corazón quedó tranquilo, pero mi cuerpo estaba tan cansado... Perdí la consciencia ahí mismo, en el suelo donde permanecía mi cuerpo, y dormí la mejor siesta de mi vida.

Cuando desperté alrededor del mediodía mi cuerpo todavía se sentía azotado, pero mi alma se sentía nueva. Era como si alguien hubiera entrado y limpiado todo el desorden que había en mi interior, y ahora mi corazón podía habitar mi cuerpo en paz. Solo podía pensar en la bondad de Dios, en cómo me había perseguido durante años hasta que finalmente me alcanzó. En cómo me anhelaba cuando yo no lo anhelaba a él. Ahora sabía que lo amaba.

EN ESE MOMENTO, MI CORAZÓN DECÍA: «AQUÍ ESTÁ, DIOS, TÓMALO. SÍ, DIOS, TE TOMARÉ A TI EN LUGAR DE LA CULPA ATROZ Y LA AFLICCIÓN ABRUMADORA».

Esa mañana fue histórica para mí. Fue la mañana en la que Dios salvó mi alma.

A partir de ese momento, comencé a hablar de mi fe con todo aquel que me quisiera escuchar.

Cuando reflexiono sobre mi propia historia me impresiona no solo cómo Dios logró rescatarme, sino también cómo logra *utilizarme a mí* para alcanzar a otros.

El apóstol Pablo sintió lo mismo. Para mí fue alentador aprender sobre Pablo porque me identifico con las huellas de Dios en su historia. Yo también tenía un corazón de piedra con el cual muchas veces apedreaba a los cristianos. Aun así, yo también, como Pablo, conocí un día a Jesús, y hoy lo amo con todo mi ser. No siempre fui un santo, empapándome de himnos en la luz del alba. Una vez, fui un cielo oscuro y rebelde que se escapaba de la luz. Pablo era igual. Cuando Jesús alcanzó a Pablo en el camino a Damasco para llevarlo a la luz del día, sin embargo, Pablo no olvidó la noche oscura de la cual Dios lo había sacado. Nunca dejó de asombrarse de que Dios pudiera utilizarlo a él. Además, ¿no debería ser este el testimonio de todo aquel a quien Dios ha llamado de la oscuridad hacia su luz maravillosa?

La capacidad de Pablo para recordar de dónde Dios lo sacó lo ayudó a abandonar el orgullo y adoptar la gratitud en su andar con Jesús. Escribió a su joven aprendiz Timoteo: «La siguiente declaración es digna de confianza, y todos deberían aceptarla: "Cristo Jesús vino al mundo para salvar a los pecadores", de los cuales yo soy el peor de todos» (1 Timoteo 1:15). Aunque viajara por el mundo hablando de Jesús a los demás, Pablo recordaba de dónde venía y lo importante que era para él —un antiguo enemigo de Dios— ser mensajero de Dios.

Quizás usted está leyendo este libro y es un tipo del barrio, como yo. Quizás viene de un lugar en el que ir a un seminario no es una opción para muchos. Quizás es una madre que pasa su vida en casa haciendo malabares entre las cuentas y los pañales y aun así busca estudiar la Palabra de Dios a la hora de la siesta. Quizás asiste a una escuela o universidad históricamente negra (HBCU, por su sigla en inglés) y se enfrenta a la experiencia novedosa, y algo confusa, de oír que el cristianismo es «la religión de los blancos». Sea quien sea usted, mi clamor es que no se sienta descalificado para compartir con el mundo ese tesoro que llamamos evangelio. Si usted ya no vive en tinieblas, quiere decir que puede ver con claridad. Eso es lo que lo califica para ser un evangelista.

Dios no busca utilizar personas especiales. Solo quiere utilizarnos a nosotros, personas normales, para mostrar al mundo que una vez fuimos ciegos, pero ahora vemos. Y ellos también podrían ver, si tan solo se arrepintieran y creyeran. Dios no nos utiliza *gracias a* quienes somos. Dios nos utiliza *a pesar de* quienes somos. Pablo escribe:

> Recuerden, amados hermanos, que pocos de ustedes eran sabios a los ojos del mundo o poderosos o ricos cuando Dios los llamó. En cambio, Dios eligió lo que el mundo considera ridículo para avergonzar a los que se creen sabios. Y escogió cosas que no tienen poder para avergonzar a los poderosos. Dios escogió lo despreciado por el mundo —lo que se considera como nada— y lo usó para convertir en nada lo que el mundo considera importante. Como resultado, nadie puede jamás jactarse en presencia de Dios.
>
> 1 CORINTIOS 1:26-29

Pablo le pone en claro a la iglesia de Corinto que Dios no los eligió por su riqueza, influencia, talento o inteligencia. Dios tiene sus propósitos y se deleita en utilizar nuestras debilidades para revelar su gloria. Como dice Pablo en otra carta a esta iglesia: «Nosotros mismos somos como frágiles vasijas de barro que contienen este gran tesoro [es decir, el mensaje del evangelio]. Esto deja bien claro que nuestro gran poder proviene de Dios, no de nosotros mismos» (2 Corintios 4:7).

Cuando Jesús les encomendó a sus discípulos la gran comisión, no les dijo: «Vayan y hagan discípulos de todas las naciones... pero primero, consigan un título de exégesis bíblica y otro de apologética y luego pasen varios años más en un seminario». Esas cosas son valiosas y, gracias a Dios, él le ha dado a su iglesia personas que cumplen con esa tarea necesaria. Esas cosas, sin embargo, no nos hacen automáticamente efectivos en el reino de Dios. Jesús concluye diciendo que estará con nosotros hasta el fin de los tiempos. Jesús nos manda a ir y hacer discípulos porque el *Espíritu Santo* nos empoderará para lograrlo. En sus últimas palabras a los discípulos antes de ser levantado al cielo, Jesús dijo: «Recibirán poder cuando el Espíritu Santo descienda sobre ustedes; y serán mis testigos, y le hablarán a la gente acerca de mí en todas partes: en Jerusalén, por toda Judea, en Samaria y hasta los lugares más lejanos de la tierra» (Hechos 1:8). El Espíritu Santo empodera a los testigos.

El Espíritu Santo es el gran nivelador en el ámbito de la evangelización. Dios no nos dio su Espíritu solo para que pudiéramos estudiar y luego volcar en otros lo que sabemos. Nos dio su Espíritu para hablar a través de nosotros. Por supuesto que no busco menospreciar el conocimiento. El conocimiento que tenemos de Dios es esencial para nuestra fe, y la Palabra de Dios nos dice que la falta de conocimiento destruye a su pueblo (ver Oseas 4:6). ¿Qué pasa si tenemos tanta confianza en lo que sabemos que nos volvemos insensibles a lo que el Espíritu Santo quiere que digamos? Jesús dijo a sus discípulos que cuando fueran llevados ante los poderosos para dar testimonio de su fe «no se [preocuparan] por cómo responder o qué decir. Dios les dará las palabras apropiadas en el momento preciso. Pues no serán ustedes los que hablen, sino que el Espíritu de su Padre hablará por medio de ustedes» (Mateo 10:19-20).

Vemos cómo se cumple esta verdad una y otra vez en el libro de Hechos. En el día Pentecostés, el Espíritu Santo cayó con fuerza sobre la iglesia en Jerusalén, y entonces recibieron el poder para predicar, ¡y tres mil personas se salvaron! En Hechos 4, cuando Pedro y Juan fueron convocados ante los líderes judíos para testificar sobre la sanidad del hombre cojo, presentaron una defensa audaz de su fe en Jesús. Lo que asombró a los líderes judíos fue que «veían que [Pedro y Juan] eran hombres comunes sin ninguna preparación especial en las Escrituras. También los identificaron como hombres que habían estado con Jesús» (Hechos 4:13).

Usted no tiene que ser Billy Graham ni Gary ni yo para compartir su fe con audacia. Solo tiene que andar con Jesús. Cuando estamos en su compañía, él nos hace como él si tan solo se lo pedimos.

Una cosa más sobre este último punto: cuando hablamos de la evangelización, es importante el contexto. Con todo respeto a los cristianos que conocí antes de Gary, sus vidas no tuvieron el mismo impacto en mí que Gary. Eso ocurre porque la representación es importante, en especial al momento de ver cómo alguien vive en santidad. Yo necesitaba ver que Dios también llama a personas como yo. Todos necesitamos ver cómo Dios cambia una vida, necesitamos ver un antes y un después que podamos comprender. Es difícil imaginarnos viviendo de otra manera cuando no vemos a nadie semejante a nosotros vivir así. Dios utilizó a Gary para darme esperanza de que yo también pudiera recibir un alma nueva. Viendo solo a aquellos que crecieron en la iglesia mostrar vidas entregadas a Jesús, yo podría pensar: *Tú creciste en la iglesia. Claro que eres cristiano*. En cambio, ver que alguien que antes vendía drogas y era pandillero ahora sirve al Señor fue monumental para mí. Que la historia de Gary reflejara la mía hizo que su relación con Dios pareciera más palpable: si Dios lo alcanzó un día, entonces quizás murió para alcanzarme a mí también.

LA REPRESENTACIÓN ES IMPORTANTE, EN ESPECIAL AL MOMENTO DE VER CÓMO ALGUIEN VIVE EN SANTIDAD. YO NECESITABA VER QUE DIOS TAMBIÉN LLAMA A PERSONAS COMO YO.

A esto llego: usted puede ser esa persona para otros. Los otros no necesitan que algún famoso se convierta al cristianismo y les hable de Jesús para comprender que es posible vivir para él. Necesitan verlo a *usted*, cualquiera sea su contexto, viviendo su vida por Jesús y demostrando que la fe en él es posible. Y es atractiva.

Jesús encargó la gran comisión como mandato para *todos* sus discípulos porque todos sus discípulos, por el poder del Espíritu Santo, lo pueden cumplir.

Ahora que usted conoce mi historia y ha visto que Dios lo puede utilizar a usted dondequiera que esté y en su contexto personal, veamos juntos algunas herramientas para potenciar su impacto al momento de decir la verdad del evangelio a un mundo que necesita oírla.

2

UN APOLOGETA ACCIDENTAL

Estaba en mi segundo semestre de un curso vocacional de dos años, en el cual me había inscripto mi tía Denise. Yo me había dejado crecer la barba y estaba ya a centenares de distancia de la vida pecaminosa de donde Dios me había sacado. Mi tía opinaba, sin embargo, que me faltaba orientación. Tenía razón. Yo no tenía idea de qué quería hacer. Lo único que sabía era que amaba el arte, el rap y la poesía. Ella me decía: «Preston, ¿cómo vas a vivir de la poesía? Necesitas aprender un oficio». La ironía es que, de hecho, con el tiempo llegaría a ganarme la vida escribiendo poesía. Pero, primero, Dios tenía algunos planes para mí. Antes de vivir del arte de «soldar» palabras, me encontré aprendiendo el oficio más tradicional de la soldadura metálica en un aula del Prairie State College.

Algo lógico, ¿no?

Un día entró al aula un muchacho vestido con unos pantalones de color caqui planchados a la perfección, una camisa polo y unos elegantes zapatos de vestir negros. Usted sabe, uno de esos típicos conjuntos para ir a una entrevista laboral. Vino a sentarse en el asiento que estaba adelante del mío. Yo había observado que llevaba una Biblia, entonces le pregunté:

—Amigo, ¿eres cristiano?

Él me miró de arriba abajo por un segundo. Luego sonrió.

—Sí... —dijo.

—¡Muy bien, hermano! Pues yo también. —Le tendí la mano—. Soy Preston.

—John —dijo, estrechándome la mano.

Seré sincero: si no lo hubiera visto con una Biblia, creo que ni siquiera le hubiera hablado. No parecía la clase de hombre con quien yo por lo general pasaría el rato. Solo estaba entusiasmado de encontrar a otro cristiano en esa escuela.

—Sí, amigo. —Levanté con orgullo mi Biblia para mostrarle que los dos estábamos del mismo lado de la guerra espiritual—. Amo la Biblia. ¿Qué estás leyendo ahora?

Esperaba que dijera algo como «Estoy estudiando los Salmos» o «Estoy analizando Romanos». Lejos de eso, se metió en un monólogo sobre lo que estaba leyendo junto a sus hermanos en la fe sobre cómo Jehová regresaría pronto para salvar al mundo de la corrupción y del dolor.

Gracias al liderazgo de Gary y de mi tía Denise, yo solía leer la Biblia por mí mismo, y por eso me pareció extraño que John, con una Biblia en la mano, respondiera con lo que su iglesia estaba estudiando sin contarme lo que *él mismo* estaba leyendo. Por otro lado, yo también creía que Jehová volvería un día, entonces dije «amén» y le pregunté a qué iglesia iba.

—Voy al Salón del Reino —dijo.

Nunca había oído de esa iglesia. Luego, él me preguntó:

—¿Cómo te volviste cristiano?

Como la clase iba a empezar en unos minutos, no le di mi testimonio completo. Solo le dije que un amigo me había acompañado y me había enseñado todo sobre Jesús y lo que significaba ser salvo.

—Pues entonces, ¿cómo sabes que todo lo que tu amigo te enseñó es cierto?

—¿De qué hablas? —pregunté.

Se inclinó hacia mí como si tuviera un secreto para compartir, algo que no quería que escuchara el resto de la clase.

—Lamento decírtelo, pero la iglesia te está enseñando muchas cosas equivocadas.

Lo dijo con el pecho inflado de autoridad y la preocupación dibujada en el rostro. Sin duda, mi semblante también hablaba: *Hermano, ni siquiera sabes a qué iglesia voy*. De la nada, este hombre daba la impresión de ser más grande de lo que parecía. Me recordaba a los viejos diáconos que siempre me habían sometido a miradas severas cuando visitábamos la iglesia. Siempre estaban serios y, por eso, yo mantenía mi distancia, pero él estaba cerca y, al parecer, me demandaba respuestas.

Me incliné hacia atrás en mi asiento y me crucé de brazos, poniéndome de inmediato a la defensiva pero dándole tiempo para explicar su postura.

—¿En qué sentido? —pregunté.

—Pues, en primer lugar —dijo con indiferencia—, se ha quitado de tu Biblia el nombre de Jehová miles de veces.

—¿De qué hablas? ¿Cómo que se ha quitado a Jehová de mi Biblia? —Abrí con agilidad mi Biblia y señalé uno de mis pasajes favoritos, Juan 3:16-17—. Mira. Aquí mismo dice: "Dios amó tanto al mundo que dio a su único Hijo, para que todo el que crea en él no se pierda, sino que tenga vida eterna. Dios no envió a su Hijo al mundo para condenar al mundo, sino para salvarlo por medio de él".

—Como dije... —Apoyó sus cosas en el escritorio con una mueca burlona—, han quitado el nombre de Jehová.

—Claro —comencé—, ya sé que Jehová es uno de los nombres de Dios, pero...

—Jehová —interrumpió— es el nombre por sobre todo nombre.

—Ah, mira, ahí es donde te equivocas, amigo —le corregí—. El nombre por sobre todo nombre es *Jesús*. Mira... —Pasé a Filipenses, di vuelta mi Biblia hacia él y señalé al 2:9—. Aquí mismo, dice: "Por lo tanto, Dios lo elevó al lugar de máximo honor y le dio el nombre que está por encima de todos los demás nombres".

John se reclinó en su asiento y me miró como si yo estuviera recubierto de blasfemia.

—¿O sea que tú crees que Jesús es mayor que Jehová?

—No, yo creo que Jesús *es* Jehová.

—*Eso* es lo que te han enseñado mal —dijo, sonriendo y señalándome con el dedo.

Yo estaba confundido. Este hombre decía ser cristiano, entonces... ¿por qué se ponía a discutir conmigo sobre la identidad de Jesús?

Para entonces, yo sentía que estaba en un juicio. De modo que lo miré como si fuera el abogado defensor.

—Dijiste que eres cristiano, ¿sí?

—En realidad —dijo con calma—, soy uno de los verdaderos seguidores de Cristo en la tierra.

Incliné mi cabeza hacia un costado, hice un nudo retorcido de mis labios para que no saltaran de mi boca palabras ofensivas y pestañeé los ojos rápidamente como luces de emergencia para que él supiera que yo veía un gran problema aquí.

—¿Qué es un "verdadero seguidor de Cristo"? —pregunté.

—Los verdaderos seguidores de Cristo *honramos* y *respetamos* a Jesús, pero no *adoramos* a Jesús.

—Oh, no, amigo, estás lejos. ¡Estás muy *lejos*! —exclamé—. Jesús es el camino, la verdad y la vida.

A estas alturas, un pequeño público comenzaba a rodearnos.

—Bueno, déjame hacerte una pregunta —dijo, pasando a Mateo 24 y volviendo a girar la Biblia hacia mí—. Aquí dice que Jesús no sabe ni el día ni la hora en que Dios volverá por su pueblo. Si Jesús es Dios ¿por qué tiene límite su conocimiento?

Como ratas buscando el último grano de arroz en la cocina, mis pensamientos se dispersaron en busca de una respuesta... pero no encontré ninguna. Lo miré con la mente en blanco: luchaba entre la confusión y la molestia. Luego John volvió las páginas a Filipenses.

—Mira, aquí dice que Jesús se humilló a sí mismo en obediencia al Padre. Si obedece al Padre, ¿cómo puede tener igualdad con el Padre?

Tampoco tenía una respuesta para esto. John no desistió.

—Y te hago otra pregunta: ¿A quién le oraba Jesús en el huerto? ¿Se oraba a sí mismo?

—¡No! —dije bruscamente, antes de que pudiera abofetearme con otra pregunta—. Le estaba orando a su Padre.

—Pero tú dijiste que Jesús y Dios son la misma persona.

—No, no son la misma persona —intenté aclarar—, pero ambos son Dios.

—O sea que ¿son dos dioses?

—No. No son dos dioses. —¡Él me tenía alterado!— Es como... la Trinidad no son dos dioses... —Estaba tan aturdido que apenas podía pensar con claridad.

—Entonces, ¿la Trinidad es uno *y también* tres? —Se pasó la mano por los ojos con sarcasmo y se rio de mí como si yo fuera un niño—. Amigo, eso no tiene ningún sentido.

YO SABÍA EN MI CORAZÓN QUE LO QUE CREÍA ERA CIERTO, PERO NO SABÍA CÓMO DEFENDER LO QUE CREÍA.

Me *sentía* como una criaturita. Lo cierto es que era mucho más joven en mi fe. Era un recién nacido. Antes de que pudiera responder, mi amiga Brittany, quien nos estaba escuchando, saltó a defenderme.

—¡Oye! —dijo, armándose de toda su actitud—. No sé quién eres tú, pero Preston sabe de lo que habla.

¿En realidad era así? Yo sabía en mi corazón que lo que creía era cierto. Aunque creía en que Dios me había salvado y creía que el Señor me había revelado quién era él, no sabía cómo defender lo que creía. No podía explicar la existencia del Dios trino de las Escrituras. Esto me exigía humildad. En realidad, era humillante. Ahora bien, yo, quien en este terciario era «Preston el evangelista», ¡de repente no podía explicar quién era Jesús! En ese momento sentía que mi corazón intentaba escapar de mi pecho. Latía como si John estuviera robándome la fe. Todos me miraban fijamente, esperando que respondiera. Tenía que decir algo. Entonces solté las primeras palabras que se me ocurrieron.

—Sé que Jesús es el Señor.

—Pero eso no significa que sea Dios —dijo John, y sonrió con sarcasmo. Algunos se rieron en burla.

—Oye, ¿cuál es tu religión?

—Soy un testigo de Jehová. —Me sonrió con calma.

Todas las luces en mi mente se prendieron. *¿En serio me estás diciendo que todo este tiempo estuve hablando con un testigo de Jehová?*

Por la gracia de Dios, entró el instructor y John se acomodó en su asiento. Yo, frustrado, cerré mi Biblia.

Llevaba todo este tiempo creyéndome alguna especie de gigante espiritual que le hablaba de Jesús a quienes podía, y entonces entró este hombre de pantalones planchaditos que me hablaba de «Jehová», y al instante plegó todos mis argumentos y los guardó en su bolsillo trasero. Quedé ahí sentado, hirviendo. Es decir, echaba humo, listo para quemarlo con un golpe de furia. No puedo mentir, mi carne quería pelear. Aquel día en mi dormitorio, cuando Jesús sacó la muerte de mí, quedó enterrado el viejo Preston: pero hoy, por primera vez, volvía enfurecido de la tumba. Permanecí sentado y quieto durante el resto de la clase, humillado y enojado.

Yo sabía que lo que John decía sobre Jesús era incorrecto, pero no encontraba las palabras para explicar por qué. Es decir, conocía el mensaje del evangelio, pero, aparte de unos pocos versículos que había memorizado, en realidad no había estudiado mucho las Escrituras. Lo único que sabía con certeza era que la historia de un Mesías que vino a habitar en la historia humana y a rescatar a los pecadores era cierta. Necesitaba ayuda y sabía a quién llamar.

—Ay, compa, es que te metiste en una discusión apologética.

—¿Qué es "apologética"? —pregunté.

Nunca había oído a Gary usar esa palabra antes. En inglés suena como la palabra «disculparse», pero de lo único que me hubiera disculpado era de no haber podido responder al interrogatorio de John.

—Es básicamente la defensa de la doctrina religiosa. —Como no dije nada en respuesta a su explicación, añadió—: Significa defender tu fe.

—John dijo que es testigo de Jehová, pero también me dijo que es cristiano. —Luego recordé y añadí—: Dijo que era un verdadero seguidor de Cristo. ¿Qué quiso decir con eso?

—Sí... —comenzó Gary. Lo podía visualizar relajado en su silla y sonriendo—. Eso es lo que dicen, pero la realidad es que los testigos de Jehová no son cristianos. —Así, Gary empezó a contarme lo que creen los testigos de Jehová: no creen en el infierno, creen que solo 144.000 personas llegarán al cielo y piensan que Jesús recién empezó a reinar en el cielo en el 1914.

—Compa, ¡es una locura! —exclamé.

—Basan muchas de sus creencias en cosas del Apocalipsis y en su propia interpretación peculiar de las Escrituras —dijo Gary—. Déjame adivinar... ¿Te quiso hablar de Filipenses 2:8? ¿O te preguntó a quién le oraba Jesús en el huerto?

—Sí... ¡Me preguntó sobre el huerto y sobre Filipenses! —respondí atónito—. ¿Cómo lo sabías?

—Mira, hermano —se rio—, he hablado con esta gente un sinfín de veces. Están bien entrenados en las Escrituras. Su teología está errada, pero están bien entrenados.

Me sentía totalmente decepcionado por no haber podido formular, de alguna manera, palabras en defensa de mi fe.

—No te rayes, P. —Me tranquilizó Gary—. Él te agarró desprevenido, nada más. Muchas de las cosas que creen los testigos de Jehová parecen idénticas al cristianismo. Debe ser por eso que no te dijo de entrada que es testigo. Te estaba evaluando, viendo cuánto sabías, viendo si podía hacerte tropezar y cuestionar lo que crees.

Gary me ayudó a aclarar algunos aspectos de mi experiencia con John que no me cerraban. Me di cuenta de que, para llegar a hablar con John acerca de *mi* fe, necesitaba saber más de *su* fe.

—¡Vaya! —dije—, alguien tiene que avisarle a esta gente que la están engañando.

—Ese es el asunto, P. —explicó Gary—. Ellos creen que nosotros somos los engañados. Por eso la Biblia nos dice que tenemos que estar preparados para defender lo que creemos.

—¿Dónde dice eso? —pregunté, tomando mi Biblia.

—En 1 Pedro 3:15, hermano. Pedro nos dice que siempre debemos estar preparados para presentar una defensa a quien sea que nos pida razón de la esperanza que tenemos. De ahí viene la palabra *apologética* —explicó—. En griego, *apologia* significa "hacer una defensa".

Esto casi me aplastó. No había defendido mi fe, ¡para nada! Ni siquiera sabía que debía hacerlo. Empezaba a comprender cómo se había sentido Gary ese día en el coche, como si hubiera decepcionado a Jesús.

Seguimos hablando por unos minutos y luego Gary me dio una lista de páginas de internet en las que podía investigar más sobre los testigos de Jehová, además de enlaces a unos artículos escritos por eruditos cristianos conocidos y un montón de pasajes bíblicos que me aconsejaba leer. Cuando cortamos me había vuelto un horno ardiente, lleno de celo y pasión. No podía calmar mi mente. Sentía que me quedaba tanto por aprender. ¿Cómo era posible que, en el transcurso de una sola tarde, pasara de ser el mejor portavoz de Jesús en mi instituto a ser el remolón del último asiento del aula que nunca hace su tarea?

Si aprendí algo de esa primera experiencia con John, fue que yo necesitaba estar preparado para defender mi fe, y que un aspecto de eso era conocer mejor lo que creía él. ¿Cómo podría conseguir que John, un testigo de Jehová, viera la verdad sobre Jesús sin primero identificar cuáles eran sus conceptos falsos de Jesús?

Como aprendí de Gary, esta es la obra de la apologética. Aun así, siempre que se usa la palabra *apologética* veo que los cristianos se sienten intimidados: piensan que tienen que saberse las Escrituras al derecho y al revés o haber leído la Biblia de tapa a tapa diez veces o haber estudiado todo lo que se puede saber del tema, pero eso no es indispensable. En realidad, la apologética se trata de amar al Señor y estar dispuesto a compartir esto con otros. De hecho, la apologética (defender la fe) tiene sus raíces en la evangelización (compartir nuestra fe). No son sinónimos, pero en definitiva van de la mano. No se puede hacer uno sin el otro. Si usted le cuenta a otra persona que es cristiano, usted es evangelista. Pero en el instante que le hagan una pregunta al respecto, ¡pum!, ya es un apologeta. La respuesta que usted dé (aun si la conversación no es una confrontación directa como la que yo tuve con John) es una defensa.

SI USTED LE CUENTA A OTRA PERSONA QUE ES CRISTIANO, USTED ES EVANGELISTA. PERO EN EL INSTANTE QUE LE HAGAN UNA PREGUNTA AL RESPECTO, ¡PUM!, YA ES UN APOLOGETA.

Es como cuando Gary y yo íbamos a lanzar al aro en el barrio. Él simplemente hacía saber que era cristiano, y algunos empezaban a expresar su desconfianza en la iglesia. Decían cosas como: «Los cristianos son unos hipócritas» o «Nunca se puede confiar en esos pastores falsos». Habían visto demasiados «pastores» con Cadillacs y relojes de oro que durante tanto tiempo emplearon palabras bonitas y bandejas de ofrenda para robarles a los pobres de la comunidad negra. Eso le daba a Gary no solo una oportunidad para hablar del evangelio, sino también la responsabilidad de defender a la iglesia que él llamaba su familia. Admitía cómo algunos supuestos pastores que aman el dinero más que a las personas han metido su corazón tacaño en la iglesia. Gary los animaba a enfocarse en Jesús y a no rechazar a la iglesia por causa de Judas. Que él también estaba harto de ver cómo se aprovechan de los afroamericanos que viven en la pobreza aunque la verdadera iglesia es, en efecto, la novia del Dios que creó a los afroamericanos a su imagen. Para muchos, Gary era la primera persona que hacía lucir bien a la iglesia. Estas conversaciones no eran una confrontación abierta, si bien su ruego de que reconocieran la iglesia verdadera no dejaba de ser una defensa de la iglesia y de su fe.

Durante años, fui el líder en mi iglesia de la actividad a la que a veces llaman evangelización callejera. Nos acercábamos a personas desconocidas para iniciar una conversación acerca de Dios. Coincidía que mi iglesia estaba en ese barrio que tenía tantos testigos de Jehová, mormones e israelitas hebreos que buscaban persuadirnos con sus mensajes. Teníamos que dedicar bastante tiempo a estudiar otras religiones y sus creencias porque, cuando Jesús nos manda a «hacer discípulos de todas las naciones», lo que quiere decir es que tenemos que hacer discípulos de entre todas las *personas*. Claro que quedan incluidas todas las personas de distintos trasfondos que se afilian a todo tipo de doctrinas religiosas. No los esquivábamos porque no conociéramos sus dioses. Hablábamos con ellos e investigábamos lo que creían. Cuanto más comprendíamos sus creencias, más se nos facilitaba saber cómo acercarnos a ellos con la verdad.

Ahora bien, si usted busca un ejemplo de alguien que se destacaba en esto, mire al apóstol Pablo. Era brillante y además era fiel. Hablaba varios idiomas, entendía todo tipo de filosofías, y se había familiarizado con un montón de creencias religiosas diferentes. Aprovechaba todo ese conocimiento para resaltar las contradicciones entre la fe cristiana y lo que creían los no cristianos de su época.

Un ejemplo clásico se encuentra en Hechos 17. Pablo andaba por Atenas, cuya población adoraba a una gran variedad de dioses. Entonces les dijo: «Hombres de Atenas, veo que ustedes son muy religiosos en todo sentido, porque mientras caminaba observé la gran cantidad de lugares sagrados. Y uno de sus altares tenía la siguiente inscripción: "A un Dios Desconocido"» (Hechos 17:22-23).

Cuando Pablo predicaba, por lo general comenzaba con un resumen rápido de historia judía. En este caso, porque estaba en Atenas, sabía que su público no lo entendería ni lo apreciaría. Por ende, cambió a un punto de partida diferente, el cual tenía como base la religión ateniense. Pablo sabía que ellos edificaban estatuas y altares para ganarse el favor de los dioses; entonces, cuando descubrió que habían dedicado uno al «Dios desconocido» solo para protegerse las espaldas, el astuto Pablo lo aprovechó como oportunidad para hablarles del Dios único y verdadero:

> Este Dios, a quien ustedes rinden culto sin conocer, es de quien yo les hablo. Él es el Dios que hizo el mundo y todo lo que hay en él. Ya que es el Señor del cielo y de la tierra, no vive en templos hechos por hombres, y las manos humanas no pueden servirlo, porque él no tiene ninguna necesidad. Él es quien da vida y aliento a todo y satisface cada necesidad. De un solo hombre creó todas las naciones de toda la tierra. De antemano decidió cuándo se levantarían y cuándo caerían, y determinó los límites de cada una. Su propósito era que las naciones buscaran a Dios y, quizá acercándose a tientas, lo encontraran; aunque él no está lejos de ninguno de nosotros. Pues en él vivimos, nos movemos y existimos. Como dijeron algunos de sus propios poetas: «Nosotros somos su descendencia».
>
> HECHOS 17:23-28

¿Se da cuenta del ingenio de Pablo? Usó los poetas que su público ya conocía, para emplear su lenguaje, y así los guio hacia su Dios. Luego, al terminar, acudió al temor que ellos tenían de irritar a los dioses y provocar su ira:

> Como esto es cierto, no debemos pensar en Dios como un ídolo diseñado por artesanos y hecho de oro, plata o piedra. En la antigüedad Dios pasó por alto la ignorancia de la gente acerca de estas cosas, pero ahora él manda que todo el mundo en todas partes se arrepienta de sus pecados y vuelva a él. Pues él ha fijado un día para

juzgar al mundo con justicia por el hombre que él ha designado, y les demostró a todos quién es ese hombre al levantarlo de los muertos.

HECHOS 17:29-31

Me maravilla con cuánto cuidado Pablo equilibraba la verdad y la sabiduría, sin desechar una para operar con la otra. Me trae a la mente algo que dijo a los creyentes de Corinto: «Con todos trato de encontrar algo que tengamos en común, y hago todo lo posible para salvar a algunos» (1 Corintios 9:22). Pablo buscaba activamente esas oportunidades de conectar lo que sabía de su público con la verdad de Jesús.

No estoy diciendo que usted necesita investigar obsesivamente cada religión del mundo. De hecho, creo que es en ese aspecto que se equivocan muchos apologetas. Se esfuerzan tanto en todo, pero olvidan que el que mucho abarca poco aprieta. Por mi parte, estoy convencido de lo esencial que es comprender las creencias de las personas que usted busca alcanzar. Es decir, si usted no vive en el vecindario con muchos testigos de Jehová, mormones o israelitas hebreos, no se desvele estudiando lo que ellos creen. Por otra parte, si siente que Dios lo llama a alcanzar a la familia musulmana que vive cerca de usted, infórmese sobre el Corán y sobre los cinco pilares del islam. No necesita saber todo, pero si no sabe nada sobre lo que ellos creen es difícil saber en qué puntos entran en conflicto sus creencias con el cristianismo.

Por ejemplo, muchas doctrinas de los mormones y los testigos de Jehová tienen orígenes cristianos y a simple vista puede parecer que creemos lo mismo. Por eso yo no entendí en un primer momento que John era un testigo de Jehová. Me dijo que era cristiano. Si usted no conoce las distinciones entre las dos religiones, con facilidad podría pensar: *Pues, esta persona no necesita oír el mensaje del evangelio*. Peor aún, si usted no está bien firme en su fe ellos podrían lograr que usted cuestione sus propias convicciones.

Yo sé que los testigos de Jehová están en contra de la divinidad de Jesús, y por esa razón, cuando comparto mi fe con un testigo de Jehová, por lo general concentro mi atención en la defensa de la Trinidad. Lo mismo sucede con los mormones y su concepto de la salvación, con los israelitas hebreos y su énfasis en observar la ley para justificarse delante de Dios, y con los ateos que cuestionan la voluntad de Dios y la problemática del bien y el mal. Si uno conoce lo que diferencia a cada religión del cristianismo, se reduce la presión de tener que saberlo todo. Solo tiene que conocer los versículos clave que abordan los puntos principales de desacuerdo. El Espíritu Santo hará el resto.

Creo que aquí también podemos equivocarnos cuando compartimos nuestra fe con los demás: no confiamos en la obra del Espíritu Santo y en cambio cultivamos un «síndrome de salvador». Pensamos que si una conversación no termina con una oración de fe, de alguna manera hemos fallado. Quien da vida, sin embargo, es el Espíritu de Dios, no nuestro intelecto ni nuestras palabras ni nuestra aptitud para debatir o persuadir. Estoy convencido de que Dios busca levantar una generación de evangelistas que se sienta bien sembrando semillas.

Necesitamos librarnos de tanta presión y creer de verdad

que el Espíritu Santo de Dios está obrando, moviéndose aunque no lo veamos. Es posible que al terminar una conversación con un testigo de Jehová él siga burlándose de mi propuesta de que Jesús es Dios. ¿Y si resulta que durante la charla Dios dejó caer una semillita en la tierra de su corazón? Quizás algo de lo que dije en la conversación fue la semilla que Dios regará, sea mañana o en diez años. No olvide que yo no le entregué mi vida al Señor cuando escuché el evangelio por primera vez en esa reunión de iglesia casera, pero Dios aun así utilizó al predicador en ese hogar para plantar una semilla de fe que Gary regó más adelante. En muchos sentidos, la iglesia nos ha condicionado para esperar resultados inmediatos. Gritamos alabanzas al ver cuántos humanos corrieron al altar tras la convocatoria del pastor. A muchos, lo que más nos alegra el día es oír testimonios de cómo otros llegaron a la fe. Pero ¿qué pasa si Dios quiere levantar una generación de evangelistas que aceptan no ver el fruto de su labor hasta que alcancen la gloria?

Aunque usted no lo crea, este llamado es para todos los creyentes. No estoy diciendo que todos deben evangelizar en las calles. Aunque todos tengamos la vocación de la gran comisión, no todos estamos llamados a cumplirla así. Cuando Pedro les dice a los creyentes que «estén siempre preparados para dar una explicación» al que pregunte acerca de la esperanza que tenemos (1 Pedro 3:15), no nos manda a provocar discusiones con nadie. (Por cierto, en el capítulo 4, tomaremos las últimas palabras de este versículo). Simplemente, nos dice que necesitamos estar preparados cuando surjan las oportunidades para defender nuestra fe.

PENSAMOS QUE SI UNA CONVERSACIÓN NO TERMINA CON UNA ORACIÓN DE FE, DE ALGUNA MANERA HEMOS FALLADO. QUIEN DA VIDA, SIN EMBARGO, ES EL ESPÍRITU DE DIOS, NO NUESTRO INTELECTO NI NUESTRAS PALABRAS NI NUESTRA APTITUD PARA DEBATIR O PERSUADIR.

Porque de esto no cabe duda: donde sea que usted viva, en algún momento será llamado a compartir o defender su fe ante alguien que se basa en un sistema de creencias diferente. Sea un vecino que es un católico alejado, la instructora de yoga en su gimnasio que está incursionando en el budismo o el hombre agnóstico que siempre da a conocer sus opiniones en los encuentros familiares. La meta de siempre estar preparado no es volverse un «maestro *Jedi*» bíblico listo para enfrentar hasta la más mínima objeción de un solo golpe. La meta es presentar la verdad del evangelio a otros para ganar corazones, no discusiones. Es decir la verdad de una manera que represente bien a Dios sin que se vuelva un griterío, sin ahuyentar a los demás y sin dar la impresión de no saber de qué estamos hablando. Hablaremos más en detalle sobre cómo hacer esto en los próximos capítulos.

Los que lo hacen bien son aquellos que en realidad comprenden la gran comisión. Son capaces de encontrarse con miembros de una secta religiosa, personas que insisten en que Dios no existe o con aquellos que salen a declarar falsas profecías en las esquinas pero, en lugar de ponerse a la defensiva u ofenderse, dicen: «Dios ama a esta gente y quiere alcanzarla». Y su manera de alcanzarla, desde el primer momento, es a través de nosotros, sus seguidores.

Sé que esto se siente como una carga muy grande. También sé que muchos creyentes evitan hablar de su fe con no creyentes porque tienen miedo de meter la pata. Si algo aprendí de mis innumerables experiencias con personas de distintas religiones, sin embargo, es esto: nuestro Dios es tan grande que puede utilizar hasta nuestros peores errores para su gloria. Esto no quiere decir que sea innecesario nuestro empeño por entender a las personas y las creencias con las cuales interactuamos. Más bien, quiere decir que Dios utiliza cristianos imperfectos para darse a conocer en el mundo.

He hablado de mi comunidad y de lo que implica evangelizarla. Ahora bien, ¿qué de la gente que vive cerca de usted? ¿Quiénes son y qué creen? ¿En qué consiste estar siempre preparado para dar una explicación de su esperanza a aquellos que Dios ha puesto en su camino? No tiene que saberlo todo, pero ¿qué cosas puede aprender que le serán útiles al momento de responder las preguntas que tendrán acerca de su fe?

3

LAS CLAVES QUE DEBE CONOCER

No bien terminamos nuestra llamada sobre lo que había sucedido con John, acudí de inmediato a la Internet para fijarme en los enlaces que Gary me había indicado. Yo era un hombre motivado por mi orgullo herido y mi ego abofeteado. Para ser sincero, ¡este Johnny me tenía todo dado vuelta! No solo me había hecho pasar vergüenza, sino que sentí que le había fallado a Dios en la batalla y que tendría que esforzarme para complacerlo.

En mi lectura aprendí que los testigos de Jehová tuvieron sus inicios en la obra de un tal Charles Taze Russell, un millonario y propietario de varias tiendas de ropa en Pensilvania a fines del siglo XIX. Pese a su crianza como presbiteriano devoto, en la adolescencia Russell comenzó a cuestionar su fe porque no podía aceptar la idea de un Dios compasivo que condenara personas al infierno. Con el tiempo, se enganchó con unos predicadores adventistas que profetizaban el fin del mundo en 1878. Vendió sus tiendas de ropa y usó el dinero para publicar revistas religiosas advirtiendo a todos del pronto regreso de Jesús.

Cuando no llegó el fin del mundo en 1878, Russell fundó la Sociedad de Tratados La Torre del Vigía para publicar y diseminar, entre otras cosas, su modificación de la predicción: que el mundo terminaría en 1914. Aunque esto tampoco se cumplió, gracias a su perfil carismático amasó un grupo de seguidores leal y numeroso, a quienes mandaba de puerta en puerta para proclamar a sus vecinos que venía el día de juicio.

Luego de la muerte de Russell en 1916, se generaron varias facciones dentro del grupo principal y una de ellas se convirtió en los testigos de Jehová, quienes todavía disponen de la misma Sociedad de Tratados para publicar su material.

Nada de esto me caía bien, en especial la idea de hacer predicciones falsas del fin del mundo. Consulté lo que la Biblia decía sobre las profecías que no se cumplen y encontré Deuteronomio 18:22: «Si el profeta habla en el nombre del SEÑOR, pero su profecía no se cumple ni ocurre lo que predice, ustedes sabrán que ese mensaje no proviene del SEÑOR».

Vaya —pensé—, *¡toda esa religión se fundamenta en las enseñanzas de un profeta falso!*

Luego de verificar lo que había descubierto con otros sitios en línea escribí con prisa algunas notas y decidí que estaba listo para la guerra. Nadie podría convencerme de que —armado con la poca información que tenía— me faltaría preparación para la batalla. Sentado delante de mi computadora imaginé mi boca como una pistola con la que le apuntaría a John al día siguiente, mi mentón martillado y mi lengua cargada de verdad para dispararle. Mis ojos eran dos espadas listas para descuartizarlo con cada mirada. Para colmo, como pensaba que estaba haciendo la obra del Señor estaba seguro de que Dios sería mi escudo. Como era Dios mismo quien avivaba este ego —quise decir, fuego—, ¡me sentía más que listo para demoler a John!

O eso creía.

Al día siguiente, encontré a John en el comedor del instituto e hice mi entrada triunfal.

—¡Oye, amigo! Creo que estás en una secta.

—¿Qué te hace creer eso? —Su risa sarcástica volvió para hostigarme.

—Me puse a leer sobre Charles Taze Russell anoche, y ¡vaya!, cómo se desvió ese hombre... ¡El hombre fue un profeta falso! —Lo dije a un volumen que alcanzara los oídos de todos alrededor de nosotros. John hizo otra mueca y me miró con pena.

—Charles Taze Russell *no* es nuestro líder. *Jehová* es nuestro líder.

—No, hermano —disparé de nuevo—. ¡Todo lo que ustedes creen viene de sus enseñanzas!

—Preston —dijo, esforzándose para permanecer en calma—,

Charles Taze Russell no originó a los testigos de Jehová. Murió dos años antes de que se establecieran los testigos de Jehová. No es nuestro líder. Nosotros, al igual que tú, creemos que Jesús es nuestro Salvador.

Esto no iba para nada como había pensado. Miré mis notas, las cuales eran casi exclusivamente sobre las profecías falsas de Russell.

—Nos bautizamos en el nombre de Jesús —continuó John—. Amamos a Jesús y creemos que Jesús fue un hombre enviado por Dios, como tú lo crees.

No —pensé—. *Este hombre está jugando conmigo.* Ahora se me hacía más difícil mantenerme a flote. Sentí que me ahogaba. Le eché otro vistazo a mis notas y vi un puntito de esperanza, como un faro a la distancia.

—Pero Russell decía que solo 144.000 seguidores llegarían al cielo. Nosotros creemos que Jesús murió por *todos* nuestros pecados.

—Primero —dijo John bruscamente—, ¡nosotros también creemos que Jesús murió por todos nuestros pecados! Charles Russell no dijo que solo 144.000 seguidores llegarían al cielo. Apocalipsis 7:4 dice que 144.000 de todas las tribus de los hijos de Israel entrarán al cielo. Segundo...

—Preston, ¿ese muchacho te está diciendo locuras otra vez?

Levanté la mirada y vi a Brittany enfrentando a John con su mirada. Detrás de ella, nuestros amigos Dion y Junior se acercaban para ver otra pelea.

—No le digo locuras a nadie. —John hizo una mueca—. Preston y yo solo hablamos sobre Jesús.

—Ah, bueno. Pues, ¡Preston sabe mucho más que tú sobre Jesús! —Brittany era una amiga leal, pero no se orientaba muy bien con la Biblia. Para ser sincero, yo tampoco.

—¿Ah, sí? —su sarcasmo se intensificó. Indicó hacia el papel en mi mano—. ¿Es por eso que volvió con notas?

El calor empezó a subir por mi nuca como una revolución de rabia.

—Mira, Preston —continuó—, ayer dijiste que Jesús es el Dios altísimo, ¿verdad?

—Sí.

—¿Tienes pruebas de eso? —Señaló mis notas de nuevo.

—Pues, sí. —Abrí mi Biblia en Filipenses 2:10-11 otra vez—. Mira. Aquí dice: "Ante el nombre de Jesús, se [dobla] toda rodilla en el cielo y en la tierra y debajo de la tierra, y toda lengua [declara] que Jesucristo es el Señor".

—Entonces, ¿cómo explicas esto? —dijo, señalando unos versículos más arriba—. Dice que "no consideró que el ser igual a Dios fuera algo a lo cual aferrarse [...] adoptó la humilde posición de un esclavo y nació como un ser humano. Cuando apareció en forma de hombre, se humilló a sí mismo en obediencia a Dios y murió en una cruz". ¿Cómo puede Jesús *ser* Dios y a la vez *ser obediente a* Dios?

—Es... *una buena pregunta.* —Quería responder, pero todo mi cuerpo tartamudeaba, no solo mi lengua. Mi corazón repicaba un ritmo de derrota. Giré la mirada hacia aquellos que alentaban mi victoria y sentí lástima por decepcionarlos una vez más. La única réplica que se me venía a la mente era:

—Lo estás malinterpretando.

—Entonces... —Se inclinó en su asiento—. ¿Cómo *debería* interpretarlo?

Permanecí callado. Doblé mis notas junto como mi dignidad y los guardé en mi mochila. Ya no tenían sentido. Casi todo lo que había escrito era para demostrar que los testigos de Jehová están en una secta que estableció un falso profeta. Me sentía derrotado por completo.

—Te pusiste a estudiarlo en casa —dijo John—. Está bien. Pero no respondiste mis preguntas.

Yo quedé enfurecido. El hombre le había dado una paliza a mi ego ¡otra vez!

Desde mi perspectiva actual, puedo decirle exactamente dónde metí la pata ese día. Luego de mi primera conversación con John, lo que debí haber hecho es irme a casa y orar. Debí haber buscado del Padre con mucha humildad, rogándole su guía para mostrarle la verdad a John. La sabiduría divina de Dios siempre nos guía hacia donde tenemos que ir, si tan solo hacemos una pausa y le pedimos dirección. En segundo lugar, debí haber estudiado las Escrituras. Dios y su Palabra escrita por el Espíritu tenían todas las respuestas correctas para John.

NO ENTRÉ EN ESE COMEDOR LISTO PARA DEFENDER MI FE ENTRÉ LISTO PARA ATACAR LA SUYA.

En cambio, pasé toda la noche investigando a los testigos de Jehová y buscándole lo turbio a Charles Taze Russell. Casi todo lo que anoté se enfocaba en comprobar que los testigos de Jehová son una secta porque, a mi entender, la única manera de demostrar que mis creencias eran correctas era indicándole a John que las suyas no lo eran. Es decir, no entré en ese comedor listo para defender mi fe: entré listo para atacar la suya.

En vez de tomarme mi tiempo e interrogar las Escrituras para edificar mi propia fe, quería interrogar a John para derribar la de él. En lugar de estudiar las cosas que otros tenían que decir, meditar en ellas, procesarlas y formular las mejores palabras para explicar por qué creo lo que creo, me apresuré para volver a la batalla, insensato y desnudo, pensando que llevaba una armadura apta para la guerra. Estaba demasiado confiado, muy mal preparado y —para ser sincero— más interesado en defender mi reputación que en defender mi fe.

El problema es que con solo demostrar la equivocación del otro, uno no puede automáticamente demostrar que tiene la razón. También debe estar preparado para explicar el sentido de las creencias propias. Yo todavía no había aprendido a hacer eso.

Como vimos en el capítulo anterior, es valioso estudiar otras religiones o por lo menos familiarizarnos con lo que creen los demás. Yo lo encaré de la manera incorrecta. Antes de conocer a John, había sido el evangelista de mi terciario que sinceramente buscaba alcanzar a los demás con el evangelio. No buscaba, sin embargo, la sabiduría que necesitaba para poder alcanzar a John. Buscaba armas con las cuales lastimarlo como él había lastimado mi ego.

Ya que hemos visto el valor de entender lo que creen los demás, mi deseo es ayudarle a entender y comunicar nuestras

CON SOLO DEMOSTRAR LA EQUIVOCACIÓN DEL OTRO, UNO NO PUEDE AUTOMÁTICAMENTE DEMOSTRAR QUE TIENE LA RAZÓN. TAMBIÉN DEBE ESTAR PREPARADO PARA EXPLICAR EL SENTIDO DE LAS CREENCIAS PROPIAS.

creencias cristianas. Como he mencionado a lo largo de este libro, no es necesario haber estudiado en profundidad cada aspecto de la fe ni de la doctrina cristiana para poder hablar sobre Jesús con otros, pero sí es preciso tener un buen concepto de las creencias fundamentales de quién es Jesús y que somos salvos solo por fe y solo en Cristo. Ahora, exploremos esos aspectos de nuestra fe.

Para muchos, la pregunta central es «¿quién es Jesús?». Siendo sinceros, es el mejor punto de arranque porque si usted no puede explicar quién es Jesús y por qué es el Señor, todo lo demás se cae solo.

La razón por la cual Jesús es la pieza clave de cualquier debate sobre la fe es que él conduce a todos a una decisión. Usted puede decir sin cesar que cree en Dios y, aparte de los ateos, la mayoría de las religiones no pondrán trabas. Ahora bien, al momento de decir: «Yo creo que *Jesús* es Dios»... Hermano, ¡prepárese!

Paul Washer dice: «En nuestra hipocresía, aplaudimos a quienes buscan la verdad, pero clamamos por la condena pública de quien tenga la arrogancia de creer que la ha encontrado»[5]. En mi experiencia, esto ocurre, en efecto, al momento de decir que Jesús es Dios. Jesús fue atacado cuando afirmó ser Dios (ver Juan 10:31). El mundo nos atacará a nosotros también por la misma razón.

El problema no es que las otras religiones no crean que Jesús existió, es solo que no creen que Jesús sea Dios.

- Los israelitas hebreos creen que fue un hombre... y lo fue (ver Juan 1:14).
- Los musulmanes creen que fue un profeta... y lo fue (ver Juan 7:40; Hechos 3:22; Hebreos 1:1-2).
- Los mormones creen que fue el Hijo de Dios... y lo fue (ver Mateo 3:17).
- Los testigos de Jehová creen que es el camino, la verdad y la vida... y lo es (ver Juan 14:6).

Ninguno de ellos niega su existencia. Solo niegan su divinidad. Fue un profeta. Fue un hijo. Es nuestro Salvador. Es todo esto. Asimismo, es también Dios hecho carne, y la comprensión de eso cambia todo. Si Jesús es Dios, eso significa que Jesús no solo ofreció algunas buenas enseñanzas que podemos seguir si así lo decidimos. Significa que él es el Señor, nuestro Soberano, y le debemos toda nuestra adoración y lealtad.

Comencemos esta conversación sobre la divinidad de Jesús revisando cómo podría haber respondido las preguntas que me hizo John a partir de Filipenses 2: ¿cómo puede Jesús ser Dios y a la vez ser obediente a Dios? Es verdad que no lo sabía en ese momento, pero ¿qué podría haber dicho si me hubiera vuelto a casa para estudiar las Escrituras?

John decía, en esencia, que si Jesús en realidad fuera Dios, no podría ceder la igualdad con Dios. Y si en realidad fuera Dios, de ninguna manera se hubiera vuelto obediente a otro.

Nos sirve mirar el contexto del pasaje. Justo antes del pasaje que John y yo debatíamos, Pablo le dice a la iglesia de Filipos: «No sean egoístas; no traten de impresionar a nadie. Sean humildes, es decir, considerando a los demás como mejores que ustedes. [...] Tengan la misma actitud que tuvo Cristo Jesús» (Filipenses 2:3-5).

Para Pablo, la meta principal de llevar a los filipenses a reflexionar en que Jesús se despojó a sí mismo y «adoptó la humilde posición de un esclavo» es señalarles la gran humildad de Jesús para que la imiten (Filipenses 2:7). Entonces, la pregunta es: ¿por qué sería un ejemplo de gran humildad que Jesús «no consideró que el ser igual a Dios fuera algo a lo cual aferrarse»?

Pues, déjeme explicar primero por qué creo que John y tantos otros testigos de Jehová malinterpretan lo que Pablo escribió aquí. Creen que Jesús manifiesta humildad porque está consciente de su posición, como si dijera: «Padre, tú eres Dios y yo no. Con humildad, me someto a ti al punto de la muerte». El problema con esa lógica es que eso no es humildad, en ningún sentido. La humildad no se manifiesta simplemente cuando alguien está consciente de su posición. Se manifiesta cuando alguien reconoce que goza de ciertos privilegios y derechos y aun así se dispone a renunciar a ellos para servir a otro. Por ejemplo, los cantantes famosos tienen ciertos privilegios que los artistas desconocidos no tienen: acceso a los mejores recintos y conciertos, como también los contactos de otros grandes referentes del sector. ¿Cómo puede un artista famoso servir a artistas que no tienen la misma fama? Una manera es renunciar a algunos de sus privilegios para servir a otros artistas. Esto se puede hacer si el artista famoso cede la oportunidad de cantar en los premios Óscar a un artista menos reconocido o comparte el escenario con otro artista en una gira. Jesús manifiesta gran humildad porque renuncia a privilegios y derechos que siempre tuvo junto a Dios, para servir a otros (*nosotros*).

Luego dice que Jesús «renunció a sus privilegios divinos; adoptó la humilde posición de un esclavo» (versículo 7). Al hablar con muchos testigos de Jehová y con otros grupos religiosos a lo largo de los años, los he visto suponer que quienes creemos que Jesús es Dios debemos creer que Jesús dejó de ser Dios cuando se despojó a sí mismo y se volvió un siervo humano. Preguntan: «Entonces, cuando Jesús se despojó a sí mismo, ¿crees que se despojó de su naturaleza divina?». Incluso algunos testigos de Jehová me han dicho que esta es la única explicación lógica de mi creencia.

Eso no es lo que creemos los cristianos ortodoxos. Dios no puede dejar de ser Dios ni lo hará. Jesús no se despojó de su divinidad, sino que se despojó de los derechos que siempre había tenido por ser Dios.

Me gusta cómo lo dice: «Renunció a sus privilegios divinos», porque indica que dejó de lado los privilegios asociados con su identidad. No renunció a quien era y a quien siempre había sido. Quien no cree que Jesús es Dios fácilmente supone que los cristianos creen que Jesús tuvo que despojarse de su naturaleza divina para volverse un humano. Volvamos a ese artista famoso que ofrece sus privilegios para servir a artistas menos reconocidos. Cuando sucede eso, el artista famoso no pierde su fama. Su naturaleza no cambia solo porque cedió por voluntad propia algunos de sus privilegios. De igual manera, que Jesús haya renunciado a algunos de los privilegios de ser Dios no significa que su naturaleza haya cambiado.

El texto dice que Jesús era Dios y, sin embargo, «no consideró que el ser igual a Dios fuera algo a lo cual aferrarse» (versículo 6). Es decir, Jesús no consideraba que su estatus de igualdad con Dios fuera un objeto al cual sujetarse con desesperación. Si Jesús tenía a su alcance la igualdad con Dios, podemos imaginar con cuánta humildad la soltó. Por cierto, Jesús *sí* gozaba de la igualdad con Dios el Padre y aun así dejó atrás muchos de sus privilegios para servir a quienes creó.

Déjeme formularlo así: si usted, yo o cualquier otro ser creado decidiéramos «que el ser igual a Dios» no es «algo a lo cual aferrarse», eso no sería humilde, ¡sería realista! Nosotros, para empezar, jamás hemos tenido igualdad con Dios. Que Jesús estuviera dispuesto a soltar la igualdad manifiesta total humildad por el hecho de que él sí ha gozado de la igualdad con el Padre desde toda la eternidad. ¿Por qué? Porque Jesús es Dios (ver Juan 17:5).

La siguiente pregunta que debemos hacernos es: ¿cómo dejó Jesús de lado estos privilegios?». Dice a continuación en Filipenses que Jesús soltó sus privilegios cuando «nació como un ser humano». Jesús en la tierra era plenamente Dios y a la vez plenamente humano (ver Colosenses 2:9). Como ser humano, está claro que Jesús tuvo que soltar muchos de sus privilegios divinos. Por primera vez en toda la eternidad, Jesús conoció la experiencia de sentirse físicamente agotado. Por primera vez, necesitaba alimentos preparados por las mismas manos que él mismo llamó a la existencia desde el polvo de la tierra. Jesús tuvo que depender de una mujer que él había creado, ella tuvo que amamantarlo para que pudiera convertirse en el hombre que moriría por todos nosotros.

La verdad esencial que debemos comprender aquí es que Dios no mandó a algún otro. Dios mandó a su Hijo, el segundo miembro de la Trinidad divina, para morir por nosotros. Dios mismo vino para morir por pecadores como usted y yo. Ningún otro Dios puede decir eso. Ninguna otra religión aparte del cristianismo puede decir que su Dios descendió de su trono para salvar al pueblo que creó.

La siguiente verdad que vemos en este texto es que Jesús se sometió a la muerte. Los testigos de Jehová no creen que Jesús sea Dios, en cambio creen que él es el primero y el supremo de los seres creados por Jehová. Pero escuche bien: un ser humano normal no se *somete* a la muerte. *Ya está* sujeto a la muerte. Si usted es humano, usted morirá un día. Jesús tuvo que someterse a la muerte porque durante toda la eternidad fue superior a la muerte. Jesús nunca había conocido la muerte, y la muerte nunca había conocido a Jesús hasta que él se revistió de carne y hueso.

DIOS NO MANDÓ A ALGÚN OTRO. DIOS MANDÓ A SU HIJO, EL SEGUNDO MIEMBRO DE LA TRINIDAD DIVINA, PARA MORIR POR NOSOTROS.

Jesús fue y siempre será un ser eterno. Por causa de su gran amor y humildad, el texto concluye diciendo que Jesús ha recibido del Padre «el nombre que está por encima de todos los demás nombres para que, ante el nombre de Jesús, se doble toda rodilla en el cielo y en la tierra y debajo de la tierra, y toda lengua declare que Jesucristo es el Señor para la gloria de Dios Padre» (Filipenses 2:9-11).

Vemos la divinidad de Jesús en Filipenses 2, y también aparece en todo el Nuevo Testamento. Una de las mejores descripciones de la divinidad de Jesús viene del apóstol Pablo. Él escribe:

> Él [Jesús] es la imagen del Dios invisible, el primogénito de toda creación. Porque en él fueron creadas todas las cosas, las que hay en los cielos y las que hay en la tierra, visibles e invisibles; sean tronos, sean dominios, sean principados, sean potestades; todo fue creado por medio de él y para él. Y él es antes de todas las cosas, y todas las cosas en él subsisten; y él es la cabeza del cuerpo que es la iglesia, él que es el principio, el primogénito de entre los muertos, para que en todo tenga la preeminencia; por cuanto agradó al Padre que en él habitase toda plenitud, y por medio de él reconciliar consigo todas las cosas, así las que están en la tierra como las que están en los cielos, haciendo la paz mediante la sangre de su cruz.
>
> COLOSENSES 1:15-20 (RVR60)

Amo este pasaje porque encara casi todo aquello en que discrepan sobre Jesús otras religiones. Miremos algunas partes clave.

Primero, Pablo dice que Jesús «es la imagen visible del Dios invisible». Si usted mira el pasaje introductorio del Evangelio de Juan, verá que Juan hace eco con el comienzo de Génesis 1 y se refiere a Jesús como la Palabra y también como Dios: «En el principio la Palabra ya existía. La Palabra estaba con Dios, y la Palabra era Dios» (Juan 1:1).

Esta no es una coincidencia. Juan hace esto para indicar específicamente que Jesús y Dios son uno y que lo han sido desde el comienzo de los tiempos. Luego dice que «la Palabra se hizo hombre y vino a vivir entre nosotros. Estaba lleno de amor inagotable y fidelidad. Y hemos visto su gloria, la gloria del único Hijo del Padre» (Juan 1:14).

En otras palabras, Jesús es Dios hecho carne, tal como lo describe Pablo.

Luego, Pablo dice que Jesús es el primogénito de toda creación. Ahora bien, esto no significa que Jesús tuvo un nacimiento físico como nosotros o que fue creado por Dios. Los testigos de Jehová a veces se obsesionan un poco con esto. Argumentan que si Jesús es el «primogénito» (RVR60) de toda creación, entonces por definición debe haber sido creado por Dios, y por ende, no puede ser Dios.

Si nos fijamos en cómo se usa ese término en otros lugares de la Biblia (por ejemplo, en Salmo 89:27), vemos que en realidad se refiere a autoridad, a ser supremo o estar a cargo. Cuando Pablo se refiere a Jesús como el primogénito de toda creación, lo que en realidad declara es que Jesús es *Señor* de la creación. Como también declara Jesús después de resucitar: «Se me ha dado toda autoridad en el cielo y en la tierra» (Mateo 28:18). Además, el Nuevo Testamento se refiere a Jesús reiteradamente con el título de «Señor» (ver, por ejemplo, Hechos 2:36, Romanos 10:9, 1 Pedro 3:15 y Apocalipsis 17:14).

Pablo continúa hablando de Jesús: «Él es antes de todas las cosas, y todas las cosas en él subsisten; [...] él que es el principio, [...] para que en todo tenga la preeminencia; por cuanto agradó al Padre que en él habitase toda plenitud» (Colosenses 1:17-19, RVR60). Me quiero detener aquí por un momento porque, con estas declaraciones, Pablo toca un tema polémico para muchas otras religiones: la Trinidad.

Cuando Pablo escribió esto, desafiaba a aquellos que no creían que Jesús podía ser plenamente humano y divino al mismo tiempo. O sea que no podía ser Jesús el hombre y Jesús el miembro de la Trinidad al mismo tiempo.

Ahora bien, ya hemos hablado de que Jesús y Dios estuvieron ambos presentes en el principio y que Jesús es Dios hecho carne. Para dar un paso más, cuando decimos que Jesús es Dios, no quiere decir que Jesús y Dios sean la misma persona. Lo que quiere decir es que Jesús y Dios (y el Espíritu Santo) comparten la misma esencia, y en ese sentido, son uno. Los tres son Dios de igual manera; tres personas distinguibles que coexisten en igualdad. Compartir la misma esencia no es lo mismo que ser la misma persona. El Padre no es el Hijo. El Hijo no es el Padre. Y el Padre no es el Espíritu Santo.

Es mucho para absorber, ¿no? Pues, la buena noticia es que el aire que Dios creó es gratis. Respire. Vamos a recorrer juntos este camino. ¿Ve por qué este concepto aparece con tanta frecuencia en los debates apologéticos? Es fácil enredarse. Si le pregunta a cualquier testigo de Jehová o mormón quién es Jesús, le dirán que es el Hijo de Dios. En un sentido tienen razón. Jesús sí *es* el Hijo de Dios, aunque no de la manera que pensamos nosotros: no del mismo modo en que Maverick Perry es mi padre, yo soy su hijo y él existía antes de que yo naciera.

El tema es que Dios no tiene la misma existencia que usted y yo. Simplemente no es así. Por eso nuestras analogías humanas no alcanzan. Por ejemplo, algunos intentan explicar la Trinidad con la idea de que Dios desempeña tres papeles, de la misma manera que el agua puede existir en forma líquida, sólida o gaseosa. Parece lógico, pero esta ilustración no es certera. En realidad, es una herejía. Dios no es uno solo con tres papeles. No es que comenzó siendo Dios, luego se convirtió en Jesús por un tiempo y luego volvió a ser Dios de nuevo. Dios no dejó de ser una entidad para convertirse en otra como el agua cuando deja de ser un líquido para volverse vapor o hielo. Dios siempre ha sido Dios, siempre ha sido Jesús y siempre ha sido el Espíritu Santo. Cualquier intento de explicarlo de otra manera es herejía porque le quita a Jesús su divinidad.

La Biblia es muy clara: Dios es una Trinidad de tres personas distinguibles que comparten una sola naturaleza.

La Trinidad puede parecer un tema académico, pero, en verdad, es fundamental para nuestra fe en Dios porque nos revela que Jesús es Dios. También es fundamental porque creemos, como dice Juan, que «Dios es amor» (1 Juan 4:16). Ahora bien, el amor requiere alguien a quien amar. Dios no cambia, entonces es amor desde el principio, aun antes de la creación. Dios, en su comunidad trinitaria de tres personas —Padre, Hijo y Espíritu Santo—, siempre ha sido (y siempre será) amor.

Lo digo de otra manera: si el amor es una actitud que solo

aliento fresco de la noche empieza a mordernos los tobillos, pero también puede ser destructivo si no aprendemos a controlarlo. Se esparce con rapidez y daña todo lo que toca. Lo mismo se aplica al conocimiento. Puede ser efectivo orientarnos bien en las Escrituras y familiarizarnos con los argumentos de un oponente, al punto de anticipar hacia qué apunta y cómo hacerle frente. A pesar de ello, si empuñamos el conocimiento como si fuera un arma o nos afanamos más por tirar abajo al otro que por lograr que se abra para escuchar lo que tenemos que decir, podemos hacer más mal que bien.

Hubiera sido fácil para mí echarle la culpa a John de cómo actué. Él me humilló. Se merecía el trato que tuve con él, ¿verdad?

Ahora llevo más de una década como evangelista y apologeta, y si algo aprendí, es que nadie me obliga a hacer nada. Solo sacan a luz lo que ya llevo adentro. Jesús dice que «lo que uno dice brota de lo que hay en el corazón» (Lucas 6:45), y en ese entonces, en las charlas con John, mi boca pasó muchos días delatando mi corazón.

Durante semanas enteras me sentía inseguro porque John sabía más de las Escrituras que yo. Eso no era su culpa. Era mía por no estudiar lo suficiente. Él no me hizo quedar mal delante de mis amigos. Fue mi falta de conocimiento. John no me hizo altivo. Solo trajo a la superficie mi inseguridad, mi altivez y mi ego dolorido. Mi ego, no bien vislumbró la luz del día, se volvió un huésped indeseado en nuestras conversaciones.

Dios no solo utilizó a John para revelarme algo importante que moldearía mis métodos apologéticos para siempre...

se puede expresar al amar a otra persona, entonces un Dios que existió solo sin nadie a quien mostrar su amor no puede ser un Dios de amor. Cuando otras religiones rechazan la Trinidad del Dios de las Escrituras, no solo niegan que Jesús y el Espíritu Santo tienen igualdad con Dios. También están diciendo que sirven a un Dios que en un principio no era amor. Un Dios que en un principio existía solo, sin nadie a quien amar.

Otro aspecto clave de nuestra fe es que somos salvos por la fe en Jesús, no por las buenas obras que hagamos. Nosotros creemos que nunca podríamos ser dignos de ganarnos la salvación de Dios. Hace falta que sea un regalo entregado gratuitamente a través de la obra de Jesucristo. Como es de esperar de algo tan fundamental para nuestra fe, a menudo genera polémica con otras religiones.

Yo creo que las religiones que apuntan a la salvación por obras lo hacen principalmente porque no entienden el primer punto: que Jesús es Dios. Si no entendemos que delante de un Dios santo y justo nuestro pecado es tan ofensivo que Dios mismo tuvo que venir a morir por su propia creación, entonces puede ser muy difícil comprender a fondo la gracia de Dios. Asimismo, si no comprendemos la gracia de Dios, pensaremos que nuestra salvación debe incluir nuestras obras añadidas a la obra terminada de Jesús. Si la erramos con Jesús, todo lo demás se cae. Pero si le damos en el blanco con Jesús, todo empieza a tener sentido.

Un día, cuando caminaba por un barrio cercano, me encontré con dos jóvenes mormones que andaban cumpliendo sus dos años de servicio misional. Llevaban camisas blancas impecables —sin manchas ni arrugas, como la iglesia por la cual Cristo volverá— que hacían juego de contraste con sus pantalones negro azabache planchados a la perfección. El corte de pelo era impecable, como si acabaran de salir de la barbería. Podía decirse que creían en su presentación antes de que abrieran la boca.

Me di el tiempo de conocerlos un poquito y luego comenzamos a hablar de Jesús. Antes de que me diera cuenta ya estábamos instalados en una mesa en una plaza cercana, desmenuzando argumentos sobre las diferencias entre el mormonismo y el cristianismo. Siendo sincero, yo no estaba tan informado sobre el mormonismo como lo estaba sobre otras religiones con las que había interactuado en los barrios donde he vivido. Por eso pasé más tiempo haciéndoles preguntas para entender sus creencias, pero había algunas cosas que sí sabía sobre la fe de los Santos de los Últimos Días. Por ejemplo, sabía lo que el Libro del Mormón decía sobre el papel de las obras en nuestra salvación. No dejaban de insistir en que básicamente creemos que somos salvos por la gracia, así que les pregunté sobre ese tema.

Les mostré uno de los versículos que me había encontrado en el Libro de Mormón, 2 Nefi 25:23: «Porque nosotros trabajamos diligentemente para escribir, a fin de persuadir a nuestros hijos, así como a nuestros hermanos, a creer en Cristo y a reconciliarse con Dios; pues sabemos que es por la gracia por la que nos salvamos, después de hacer cuanto podamos».

Me miraron con cara de: *¿Y cuál es el problema? Dice que somos salvos por la gracia*. Sentí que Dios me llamaba a desafiarlos.

—¿Ven? —dije—. Ahí es donde no coincidimos.

—¿En qué sentido? —preguntó uno de ellos.

—La Biblia dice... —Abrí mi Biblia a Efesios 2:8-9 y leí—: "Dios los salvó por su gracia cuando creyeron. Ustedes no tienen ningún mérito en eso; es un regalo de Dios. La salvación no es un premio por las cosas buenas que hayamos hecho, así que ninguno de nosotros puede jactarse de ser salvo".

—Exacto. —Me sonrió con satisfacción, como quien enseña algo acerca de Dios mientras Dios lo observa—. Ambos creemos que somos salvos por gracia.

—Tienes razón en que ambos creemos que somos salvos por gracia —admití—, pero tu libro dice: "*Después* de hacer cuanto podamos". ¿Eso no implica que tengan que obtenerlo con obras?

Los dos se miraron por un segundo, luego el mayor de ellos respondió:

—Pues, creemos que por la gracia que Dios nos da hacemos la obra. Él quiere que hagamos las obras. Quiere que seamos diligentes. Quiere que seamos fieles y quiere que lo honremos con nuestra obra.

—Ahora bien —dije—, con todo respeto, la Biblia enseña que no hay ninguna clase o cantidad de obras que podamos hacer para ser dignos de ganarnos la salvación. La gracia no sirve para simplemente llenar los vacíos de nuestras obras. La salvación es obra de Dios de principio a fin. Por eso Dios tuvo que enviar a alguien perfecto para hacer la obra por nosotros. Por eso lo reconocemos como regalo de Dios.

Pensó durante unos segundos, luego abrió su Biblia.

—Entonces, ¿qué dices de ese versículo en Santiago? —preguntó, pasando las páginas—. Ese que dice que la fe sin obras está muerta. ¿Qué crees que significa eso?

—¿Hablas de Santiago 2:17? —Sabía exactamente a qué versículo se refería.

—¡Sí! —Abrió la boca con entusiasmo al encontrar el pasaje para mostrarme. Estos muchachos eran jóvenes, el celo les salía por los poros. Estaban tan deseosos de mostrarme que lo que ellos creían era la verdad. Me daba cuenta de que tendría que tratar sus corazones jóvenes con cuidado, y aun así mostrarles porqué consideraba que habían sido mal instruidos.

—Entonces, la fe por sí misma —comenzó—, si no viene con obras, está muerta (RVR60). —Levantó la mirada hacia mí—. Es evidente lo que dice, ¿no?

—No —dije—. ¿Me lo puedes explicar?

—Pues —comenzó—, significa que si no hacemos buenas obras... —Pausó y luego miró hacia el cielo para formular bien sus palabras—. Nuestras obras mueren, básicamente. Es como malgastar nuestras vidas.

—Mira, yo no creo que sea eso lo que quiere decir el versículo —dije—. Nuestras obras no son lo que nos justifican delante de Dios: son la evidencia de nuestra justificación. No son la justificación de la gracia que recibimos; son una manifestación de la gracia que recibimos. No es que Dios mire nuestras obras y diga: "Gracias a tus buenas obras eres justificado". Dice: "Por haber creído en mi Hijo, eres justificado". No quiere decir que, si no hacemos buenas obras, nuestra fe muere. Quiere decir que si no manifestamos buenas obras como evidencia, es probable que no haya habido fe desde un principio. Eso significa que permanecemos en la muerte espiritual.

Mis amigos mormones no son los únicos que luchan con este concepto. Casi todas las religiones del mundo enseñan que debemos esforzarnos para agradar a Dios y ganarnos la salvación. El judío cree que debe atenerse a una larga lista de leyes y costumbres para complacer a Dios. El musulmán cree que debe orar cinco veces al día, ayunar, dar limosna, jurar lealtad a Mahoma y emprender un peregrinaje a La Meca. El hindú cree que debe purificarse. Y el budista cree que debe renunciar al mundo y morir a sí mismo para alcanzar el nirvana.

TODA RELIGIÓN DEL MUNDO HA ENCONTRADO ALGO EN LO CUAL ESFORZARSE PARA AGRADAR A DIOS. EL CRISTIANISMO ES LA ÚNICA FE QUE PROCLAMA QUE EL DIOS QUE COMPLETÓ LA OBRA ES QUIEN NOS HA ALCANZADO.

El cristianismo es la única religión en la cual la obra de salvación ya se ha cumplido por nosotros. Toda religión del mundo ha encontrado algo en lo cual esforzarse para agradar a Dios. El cristianismo es la única fe que proclama que el Dios que completó la obra es quien nos ha alcanzado.

Lo único que tenemos que hacer es declarar «abiertamente que Jesús es el Señor y [creer] en [nuestro] corazón que Dios lo levantó de los muertos», y Romanos 10:9 dice que seremos «salvos».

Dios deja en claro lo que opina sobre los intentos de ganarnos su aprobación con nuestras obras. Dice por medio del profeta

Isaías que «cuando mostramos nuestros actos de justicia, no son más que trapos sucios» (Isaías 64:6). Resulta que nuestras buenas obras no son buenas para Dios. No me interprete mal: tampoco digo que Dios no busca que los cristianos manifiesten buenas obras. ¡Al contrario! Simplemente digo que Dios no acepta nuestras obras en lo que hace a nuestra salvación. Solo acepta la obra terminada de Jesús.

El *cómo* somos salvos no es el único punto de desacuerdo entre el cristianismo y otras religiones. También hay desacuerdo sobre *quién* puede ser salvo.

Si usted vive en una zona urbana o en algún lugar donde con frecuencia se ven personas de piel negra, encontrará a los israelitas hebreos buscando despertar a aquellos que llaman los «hijos dormidos de Israel». En la actualidad, los israelitas hebreos representan una de las religiones de mayor crecimiento en Estados Unidos, en gran parte porque tienen una atracción masiva entre los afroamericanos mileniales y la generación Z. Durante años he intentado alcanzarlos. Si algo aprendí de mi relación con John, es que comprender a las personas que busco alcanzar es tan importante como comprender sus creencias. Siendo alguien que viene de un lugar donde vive mucha gente afroamericana, descubrí que esta verdad es de suma importancia al interactuar con israelitas hebreos. Nuestra evangelización y nuestra manera de encarar la apologética en la comunidad afroamericana resultan diferentes a nuestras interacciones con otras comunidades de fe. Cuando debatía con John cada semana en el terciario, todas nuestras conversaciones giraban en torno a la teología. En cambio, en mis conversaciones con israelitas hebreos, pronto descubrí cuán potentes son las problemáticas sistémicas y sociales para encender y alimentar las llamas de su fe.

Los israelitas hebreos enseñan que ellos son los descendientes directos de los hijos perdidos de Israel, quienes fueron vendidos como esclavos por los africanos y que todas las injusticias que han caído sobre los afrodescendientes a lo largo de los siglos son consecuencia directa de que sus ancestros no cumplieron los diez mandamientos (ver Deuteronomio 4:27 y 28:15-68). Creen que tienen la capacidad de cumplir la ley de Dios y que, si logran hacerlo, entonces Dios no los desechará. Los verá a veces en el centro de las grandes ciudades buscando afrodescendientes a quienes convertir, aunque los barrios afroamericanos son su campo de misión principal.

Se sujetan con escrúpulos a la traducción King James de la Biblia y se apoyan mucho en las enseñanzas del Antiguo Testamento. También insisten en que las representaciones populares de un Jesús blanco son un intento deliberado de robarles la identidad, y que el cristianismo es una religión falsa.

No todos los israelitas hebreos son irascibles y gritones, pero muchos bandos sí lo son. Los enfurece la historia de esclavitud. Los enfurece que los afroamericanos no siempre tuvieron la posibilidad de votar. Los enfurece que históricamente se ha percibido a los afroamericanos como una raza inferior. Escúcheme bien: que su teología sea errónea no implica que a causa de su furia ignoremos lo que sienten. De la misma manera que yo tuve que conocer mejor a John para empatizar con él cuando íbamos al terciario, también necesitamos comprender el dolor que sienten algunas personas negras, el cual los impulsa a rechazar la fe cristiana y volverse israelitas hebreos. Si buscamos alcanzarlos, lo peor que podemos hacer es descartarlos como nada más que hombres y mujeres enojados. Debemos ver a cada uno como una historia personal. Los líderes cristianos de la comunidad afroamericana no deben esconder su propio dolor en un rincón, sino que deben reconocerlo con la esperanza de que su empatía dirija a algunos hacia la cruz.

No cabe duda de que algunos bandos de israelitas hebreos en Estados Unidos le dirán que la gente blanca no puede heredar el reino de Dios. Si les pregunta por qué (como yo lo he hecho), es probable que respondan algo como: «¿Alguna vez has visto a la gente blanca obrar bien? Mira lo que hicieron con los pueblos originarios. Mira lo que hicieron con los hijos de Israel. ¡Mira lo que están haciendo ahora!». De hecho, creen que, cuando en realidad llegue el Mesías, destruirá a la gente blanca, a quienes llaman «los edomitas», o sea, enemigos de los descendientes de Jacob (ver Ezequiel 25:12-14).

Al igual que Juan y que Pablo, Marcos 16:15-16 nos dice que la salvación es para todos los pueblos: «Vayan por todo el mundo y prediquen la Buena Noticia a todos. El que crea y sea bautizado será salvo, pero el que se niegue a creer, será condenado». Dios busca que todos —toda la creación— oigan la Buena Noticia y sean salvos. No se fija en el color de nuestra piel. A través de la obra de Jesús, abre las puertas de par en par y nos dice a todos: «Adelante, ¡entren!».

No sé qué le parece a usted, pero yo llamo a eso una Buena Noticia de verdad.

Quiero repetir algo y dejarlo en claro: cuando usted comparte su fe, no necesita saberlo todo. Lo que ayuda es mantener la mente enfocada en quién es Jesús y cómo podemos ser salvos, porque en esto se marca la diferencia entre el cristianismo y cualquier otra religión. La religión se suele percibir como la búsqueda humana de Dios; en cambio, el cristianismo es la historia del Dios que nos busca porque nos ama y quiere tener una relación con nosotros.

Con una historia tan centrada en el amor, suponemos que el deseo de hablar de Jesús con otros siempre resultará un acto de amor. Como yo estaba por descubrir, sin embargo, mis debates con John eran todo lo contrario.

4

GANAR CORAZONES, NO DISCUSIONES

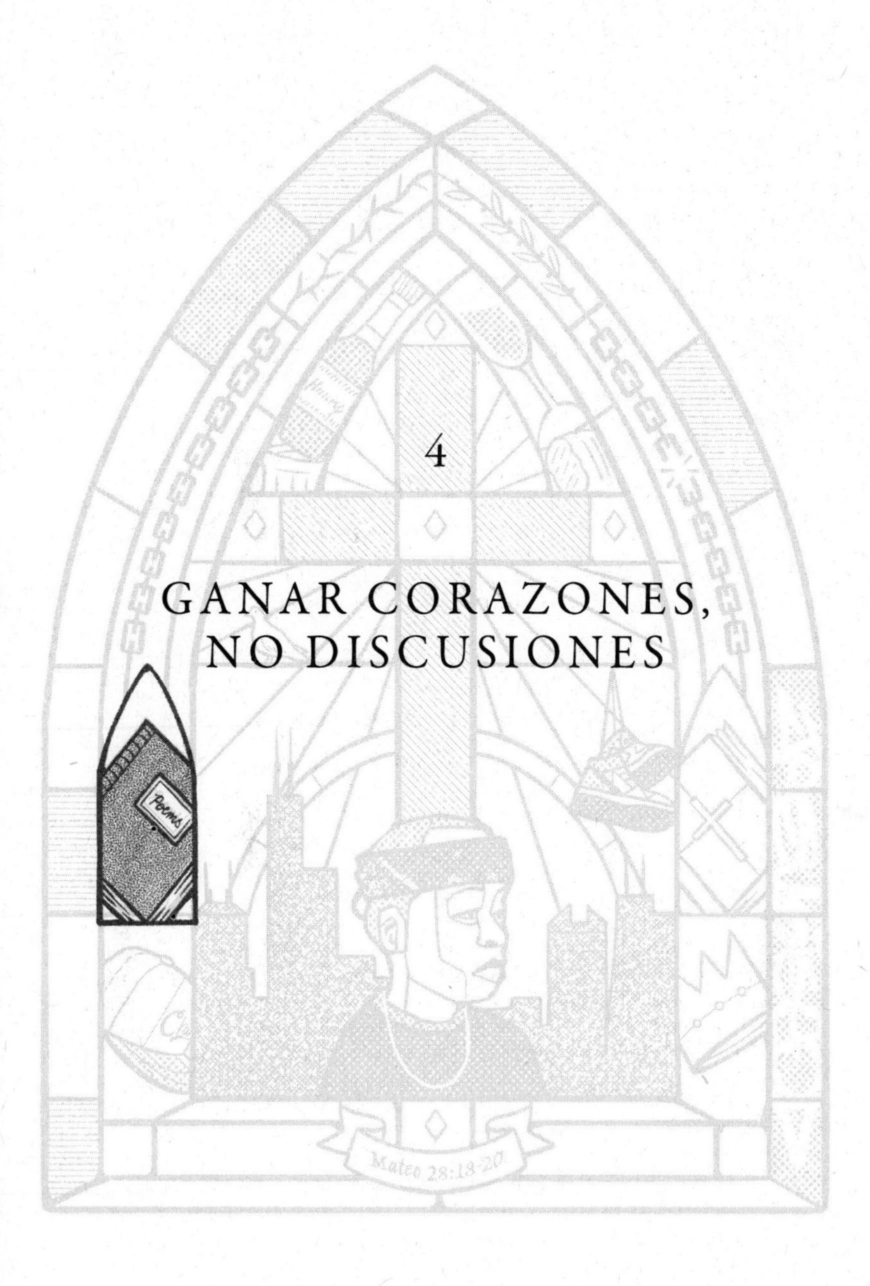

JOHN Y YO SEGUIMOS REUNIÉNDONOS en la cafetería todos los miércoles y jueves y, durante mucho tiempo, él desmenuzó mis argumentos con facilidad. Como si conociera la Biblia entera y fuera un maestro en el arte de demoler la fe de los cristianos. Menos mal que yo estaba convencido de que el Dios que me encontró ese día en mi cuarto había calmado la sed de mi alma para siempre. John no podía arrancarme la certeza de que, antes de invocar a susurros la existencia del mundo, Dios había dicho: «Preston será mi hijo». Por gracia, mi fe en Jesús permaneció tan inamovible como una montaña obstinada.

La Biblia dice que «la fe demuestra la realidad de lo que

esperamos; es la evidencia de las cosas que no podemos ver» (Hebreos 11:1). La parte de la fe la tenía resuelta. Lo que no tenía era evidencias. En todos mis debates con John, tener fe sin buenas pruebas daba la impresión de que era yo quien aún estaba cegado. Empezaba a ver que Dios, quien ha equipado a su pueblo con tanta evidencia, no quería que yo tuviera una fe ciega. Con el paso del tiempo dejó de importarme cuánto sabía John. Yo sabía que había tenido un encuentro con el Dios del universo. John era sincero en lo que creía, pero yo sabía que estaba sinceramente equivocado y estaba decidido a demostrárselo. Todas las noches volvía a casa para estudiar; en el transcurso de unas semanas era capaz de no solo responder sus preguntas, sino también de pegarle con algunas de mi parte también.

La batalla con John en el terciario se volvió mi droga. Cada semana, anticipaba nuestros debates para darme otra dosis. Mi adicción era derribar a John. Cuando lograba callarlo, quedaba maravillado durante días. Cada vez que nos encontrábamos, le hacía preguntas, y cuando él no las podía responder... No voy a mentir: me sentía reivindicado, como si estuviera apaleando al bravucón de la escuela que me había hecho pasar vergüenza.

John se obsesionaba por demostrar que Jesús no tiene igualdad con el Padre. Resulta que, una noche, yo estaba leyendo Apocalipsis y noté que Jesús se describe a sí mismo como «el Alfa y la Omega, el Primero y el Último, el Principio y el Fin» (Apocalipsis 22:13). Entonces, cuando volví a ver a John, le pregunté sin vueltas cómo explicaba que Jesús se denominara así.

—¿Estás en el Apocalipsis? —preguntó.

—Sí —dije, con una de esas sonrisas que dicen: *¡Hablemos, hermano!, te estoy por devolver el golpe.*

—Lee el 22:12 —dijo, disfrazando de confianza su cautela—. Dice: "Miren, yo vengo pronto".

—¿Y? *¿A qué quieres llegar, amigo?*

—El que habla es Jehová, no Jesús. —Le dio un golpecito a la página con el dedo índice.

Yo había anticipado esto. Apenas terminó de pronunciar las palabras, salté con la respuesta.

—¡No! Mira lo que dice tres versículos después: "Yo, Jesús, he enviado a mi ángel con el fin de darte este mensaje para las iglesias. Yo soy tanto la fuente de David como el heredero de su trono. Yo soy la estrella brillante de la mañana" (Apocalipsis 22:16). Yo, Jesús —repetí, dándole al versículo ese mismo golpecito con el dedo.

John se quedó mirando el texto como a un acertijo. Mientras reunía sus pensamientos, aproveché su silencio para abofetearlo con otro argumento.

—Los testigos de Jehová creen que Jesús es a quien el Padre enviará un día para juzgar al mundo, ¿es así?

—Sí, porque eso es cierto —respondió.

—Entonces sabemos que quien habla aquí es Jesús porque comienza diciendo: "Yo vengo pronto".

—Bah... —Lo descartó con un gesto de la mano—. Ustedes siempre invocan ese pasaje.

—¡Porque es verdad! —dije, riéndome. *Admítelo, hermano. ¡Ya no te quedaron más cartas!*

—No lo es. —Sonrió y sacudió la cabeza.

Me exasperaba este hombre.

—Está bien —dije—. Si Jesús no es el Alfa y la Omega, ¿entonces de quién habla?

—Jesús es otro nombre para Miguel —asintió con calma.

—Miguel... ¿El arcángel? —pregunté.

—Ese —dijo—. Con él hablaba Jehová en Génesis. Por eso dice: "nosotros".

—Hombre, ¿de dónde sacaste eso? —Le clavé una mirada filosa para que supiera que iba a tener que aplicarse más.

—Primera de Tesalonicenses —comenzó, pasando las páginas hacia atrás—. "El Señor mismo descenderá del cielo con un grito de mando, con voz de arcángel" (1 Tesalonicenses 4:16).

—Eso no dice que Jesús *es* el arcángel —cuestioné, incrédulo—. Solo dice que tenía la *voz* de un arcángel.

—Pero solo existe uno —dijo él—. Las referencias a Miguel siempre lo llaman *el* arcángel. Además, el prefijo *arc* significa jefe. Es decir, Miguel es el jefe de los ángeles. Es más... —Se inclinó sobre su Biblia y comenzó a girar las páginas. Iba por el golpe final—. Apocalipsis 12:7 dice: "Entonces hubo guerra en el cielo. Miguel y sus ángeles lucharon contra el dragón". O sea que Miguel es el líder de un ejército de ángeles. Además, Apocalipsis 19:13 describe a un hombre sobre un caballo blanco llamado "la Palabra de Dios", quien tú dices es Jesús, pero el pasaje dice que "los ejércitos del cielo [...] lo seguían en caballos blancos" (Apocalipsis 19:14). Entonces tenemos dos líderes de los ángeles: uno de ellos es Miguel y el otro... —Hizo comillas con los dedos— es "Jesús". Pero la Biblia nunca menciona dos ejércitos de ángeles, solo uno. Eso quiere decir que Miguel y Jesús son uno y el mismo. Es solo que tiene nombres diferentes, como Simón-Pedro o Saulo-Pablo. Hermano, ¡está todo ahí!

Cerró su Biblia y sonrió como si acabara de dar un sermón fenomenal y a mí me tocara predicar después de él. Todos me miraban, esperando mi respuesta. Eché un vistazo hacia Dion y Junior. Llevaban en el rostro la misma expresión que decía: *Amigo, ¡sé que no vas a dejar que te hable así!* A mi izquierda, la mirada de Brittany me respaldaba como haría una esposa que acaba de ver a su marido boxeador caer en el combate, con vergüenza ajena pero también esperanza en los ojos: *¡Levántate, Preston! Levántate y pelea.* Así estaban mis partidarios más leales. ¡Vaya que estaba tensa la cosa! Era desalentador.

Era... *exactamente* el momento que estaba esperando.

—Es curioso que saques esa carta. —Sonreí como la estrella de una película de Marvel que se levanta cuando todos creían que ya estaba muerto. Tomé mi Biblia y la abrí en la página que había señalado la noche anterior. *Tratas de ponerme en jaque delante de todos*, pensé con desprecio. *Ya sabía que ibas a salir con eso del arcángel.*

Lo que John no sabía es que no bien me encontré con ese versículo del Alfa y la Omega en el Apocalipsis, había buscado en Google: «¿Cómo explican Apocalipsis 22:13 los testigos de Jehová?», y esto me había llevado directo al argumento de que Jesús y Miguel son el mismo. Entonces, investigué un poco más. Por eso sabía que si dejaba a John exponer todo el argumento, permitiéndole creer que me había ganado otra vez, entonces finalmente llegaría...

—¡Aquí! —proclamé, señalando a Hebreos 1:5-10. Incluso me levanté para darle efecto—. Dice:

"Pues Dios nunca le dijo a ningún ángel lo que le dijo a Jesús:

'Tú eres mi Hijo.
Hoy he llegado a ser tu Padre'.

Dios también dijo:

'Yo seré su Padre,
y él será mi Hijo'.

Además, cuando trajo a su Hijo supremo al mundo, Dios dijo:

'Que lo adoren todos los ángeles de Dios'.

Pero con respecto a los ángeles, Dios dice:

'Él envía a sus ángeles como los vientos
y a sus sirvientes como llamas de fuego'.

Pero al Hijo le dice:

'Tu trono, oh Dios, permanece por siempre y para siempre.
Tú gobiernas con un cetro de justicia.

Amas la justicia y odias la maldad.
Por eso, oh Dios, tu Dios te ha ungido
derramando el aceite de alegría sobre ti más que sobre cualquier otro'.

También le dice al Hijo:

'Señor, en el principio echaste los cimientos de la tierra
y con tus manos formaste los cielos'.

La mirada de John decía: *Sí, ¿y qué?*. Me concentré en presentárselo en detalle.

—En primer lugar, dice que el Padre nunca ha llamado "hijo" a ningún ángel. En segundo lugar, el Padre dice que el trono de Jesús permanece por siempre y para siempre. Y, por último, el Padre dice que Jesús creó la tierra con sus propias manos. Entonces —continué—, si Jesús es el arcángel Miguel, ¿por qué dice el Padre que jamás llamó "hijo" a un ángel? ¿Por qué nunca le ha dicho a un ángel que es su hijo? La Biblia se refiere reiteradamente a Jesús como "el único Hijo". Pues, ¿cómo explicas eso?

No esperaba su explicación. Quería dejarlo mudo para ganar esta ronda. Entonces, no esperé a que respondiera.

—Además, ¿por qué los ángeles del cielo adoran a Jesús, ya que en el cielo la adoración se reserva solo para Dios? ¿Y por qué dice el Padre que el trono de Jesús es por siempre y para siempre, si sabemos que solo el trono de Dios permanece por siempre y para siempre? Explícamelo, John.

A decir verdad, estaba alzando la voz, me puse un poco agresivo y, para ser completamente honesto, un poco condescendiente. Pero ¡vamos!, el hombre se lo merecía. Por muchas semanas, él me había hecho pasar por un torpe y yo estaba harto.

John me miraba con furia, hirviendo por dentro. Yo permanecí de pie con la Biblia abierta de par en par. Por primera vez, John parecía vacilar, incluso fuera de lugar, como una oración interminable que busca su voz en medio de la página. Su confianza lo abandonó y se fue a un lugar muy lejano, y mi confianza hizo arder en mi interior cánticos triunfales. John me dijo que estudiaría el pasaje y volvería con su respuesta.

¡Cómo lo disfruté! Verlo salir de la ronda así, delante de todos, era como el equivalente apologético de un nocaut de boxeo. Mis amigos estaban muy orgullosos de mí. Sus aplausos y sonrisas me alzaron y transportaron hasta el otro lado del comedor. En definitiva, me había redimido a los ojos de mis amigos y de una media docena de curiosos.

—¿Ves, Preston? —Brittany casi carcajeaba—. ¡Hoy trajiste el ardor contigo! Ya les dije, gente: ¡esto es lo que siempre hace Preston!

Ella tenía razón. Había traído el ardor.

Pero también estaba equivocada por completo.

Vea, es muy bueno arder de pasión por el Señor. El fuego es bueno. Trae luz a los lugares oscuros. Trae calor cuando el

también expuso mi corazón de evangelista. Cuando las filosas palabras de John rasgaron la piel de mi orgullo, me desangré descaradamente delante de todos por una sola razón: porque ponía demasiada esperanza en ser «Preston el evangelista» en el instituto, no en Cristo y en la cruz del Calvario.

Hay una diferencia entre defender su fe y defender una identidad en la cual deposita demasiado orgullo. Una identidad detrás de la cual esconde su fe. Resulta muy fácil para los cristianos enredarnos en lo que podemos hacer por el Señor en lugar de contentarnos con quien ya somos en el Señor.

HAY UNA DIFERENCIA ENTRE DEFENDER SU FE Y DEFENDER UNA IDENTIDAD EN LA CUAL DEPOSITA DEMASIADO ORGULLO. UNA IDENTIDAD DETRÁS DE LA CUAL ESCONDE SU FE.

La Biblia dice que el conocimiento envanece y nos «hace sentir importantes» (1 Corintios 8:1). No hay duda de que sucedió eso conmigo. Cada vez que lograba poner a John contra las cuerdas, Brittany, Junior, Dion y los demás me incentivaban con sus aplausos. Entonces, estudiaba hasta quemarme las pestañas, y sin darme cuenta quedé consumido por *lo que* conocía en lugar de *a quién* conocía.

Mi obsesión con tener «la razón» y con «ganar» interfirió con mi capacidad de ver a John como alguien que de verdad necesitaba entender la verdad. Ya no me interesaba tanto la verdad. Me enfocaba más en quién parecía tener la razón. Me recuerda al clima político en el que vivimos. Si un candidato puede convencernos de que su oponente no es confiable, eso es todo lo que necesita hacer para ganarse el voto de muchos.

Se trata menos de la verdad y más de hacer que el otro pase por mentiroso.

Gracias al Señor, Gary estaba por darme un tirón de orejas.

Esa misma tarde, Gary pasó a recogerme para ir a lanzar al aro. Yo estaba ansioso por contarle sobre cómo había noqueado a John. La emoción me carcomía.

Gary apenas pudo comenzar:

—¿Qué onda, P.? Cómo la pasaste en cla...

—Oye, hermano —exploté—, hoy me metí en otra conversación con ese testigo de Jehová.

—Grande —dijo, despegando el coche de la acera—. ¿El mismo con el que vienes hablando todo este tiempo?

—Sí, ese. Pues, estábamos sentados a la mesa y él sacó toda esa idea de que Jesús es Miguel el arcángel... —Llevé a mi amigo por todo el debate hasta culminar en el momento cuando John se rindió—. ¡Si hubieras visto su cara, hermano! —me reí—. ¡Se quedó sin palabras!

Estaba convencido de que Gary se sentiría orgulloso. En cambio, me lanzó algo así como una mirada de reojo.

—Déjame hacerte una pregunta, P. —dijo—. ¿Todavía estás buscando ganar el corazón de ese sujeto?

—¿Ganar su corazón? —No estaba seguro a qué se refería.

—Claro —dijo Gary—, porque a mí me suena a que te interesa más ganar una discusión.

Esta no era para nada la reacción que yo esperaba.

—Bien... claro. Pues, tú dijiste que la apologética se trata de defender la fe.

—Sí, amigo, pero no te enredes tanto en las discusiones que te olvides de por qué buscabas testificarle en un principio. Recuerda, P., la meta no es ganarle una pelea. La meta es ganar su corazón para el Señor. La apologética no se trata de derrotar a nadie. Se trata de alcanzar a las personas.

Fue como si el Señor hubiera utilizado a Gary para hacerme caer de repente a tierra. En solo unos segundos, bajé del séptimo cielo a un valle profundo. La reprensión de Gary me humilló, pero también me hizo reflexionar. En todo el tiempo que habíamos pasado testificando en las canchas de baloncesto jamás lo había visto alzar la voz ni rebajar a nadie ni burlarse de nadie. Gary solo iba al encuentro de la gente en cual fuera su punto de partida, y buscaba ayudarlos a entender de qué modo conocer al Señor mejoraría sus vidas. Lo único que yo había hecho con John era lanzarle versículos, insultar su religión y decirle que todo lo que creía era incorrecto. En ese momento, me di cuenta cuánto me había desviado de lo que Gary me había enseñado. Que John fuera testigo de Jehová no justificaba que yo no cuidara de su alma como había visto que Gary cuidaba de los demás. No tenía excusa. Me sentía confundido, como si la convicción divina y la autocondenación jugaran al tire y afloje en mi interior.

Gary me miró y percibió que su reproche había caído sobre tierra fértil.

—¿Estás bien, amigo?

—No... Claro. Tienes razón. Perdóname, hermano.

—¿Por qué te disculpas conmigo?

—Pues... Solo pensé que estaba poniendo el hombro por el reino de Dios. Pensé que estarías orgulloso. Tu reacción me tomó desprevenido. Eso es todo.

—*Sí* estoy orgullo de ti, P. —dijo, dándome una palmada en el brazo—. ¡Amigo!, en los últimos meses te he visto devorar las Escrituras. Además, me encanta que en realidad te interese este hombre. Recuérdame, ¿cómo se llama?

—John.

—¿Y su apellido?

Quedé paralizado. No tenía idea.

—No lo sé.

—Está bien. Está bien —dijo Gary para tranquilizarme—. ¿Siempre ha sido testigo de Jehová? ¿Es algo de su familia o él se metió en eso más tarde?

Oh, cielos...

—No lo sé.

Gary se guardó los comentarios.

—¿Alguna vez le compartiste tu historia?

—No. Nunca conversamos, ¿sabes? Básicamente debatimos sobre las Escrituras, nada más. —Me sentía terrible. Aquí estaba, después de cuatro meses de enfrentarme con él pero sin saber nada de él aparte de que era testigo de Jehová. ¡Ni siquiera sabía su apellido! Giré para mirar por la ventana para que Gary no viera cómo la convicción me carcomía.

—Gary, lo siento mucho, hermano. Tienes razón. Sé que tienes razón. Pero... ¡Cómo le hacía la contra al Señor! Escupía toda clase de blasfemias... y frente a otras personas. Yo solo trataba de defender la fe como dice 1 Pedro. ¿Recuerdas?

—Te entiendo, P., pero escúchame, amigo —dijo Gary—. Quiero que me hagas un favor.

—Sí, por supuesto. —Sin importar lo que fuera, yo sentía que, a estas alturas, era lo mínimo que podía hacer.

—Cuando llegues a casa esta noche, quiero que leas 1 Pedro 3:15 con más atención.

—¿El de defender nuestra fe?

—Claro —dijo, deteniendo el Mustang con suavidad en un espacio justo frente a la plaza—. Ese mismo.

—¿Por qué?

Se extendió para alcanzar su pelota en el asiento de atrás mientras mantenía la puerta abierta con el pie.

Luego sonrió y dijo:

—Léelo nomás, Preston, y luego dime qué te parece.

Esa noche analicé 1 Pedro 3:15 con más detenimiento. La primera parte me era muy conocida: «Adoren a Cristo como el Señor de su vida. Si alguien les pregunta acerca de la esperanza que tienen como creyentes, estén siempre preparados para dar una explicación».

En mi mente no cabía duda de que Cristo era el Señor de mi vida. Me había cambiado la vida entera y yo sabía en mi corazón que él es quien dijo ser. En cuanto a la parte de dar defensa, en definitiva le había dado en el blanco. Había estudiado durante horas y horas. Nadie estaba más preparado que yo.

Luego seguí leyendo: «Pero háganlo con humildad y respeto.

Mantengan siempre limpia la conciencia. Entonces, si la gente habla en contra de ustedes será avergonzada al ver la vida recta que llevan porque pertenecen a Cristo» (1 Pedro 3:16).

Vaya.

Había pasado por alto la parte de humildad y respeto. En efecto, había hecho todo lo contrario. Por cierto, una de las primeras cosas que le había dicho a John era: «Amigo, creo que estás en una secta». No era de sorprender, entonces, que no le cayera bien. Después de mi conversación con Gary esa tarde me sentía mal respecto a mi manera de manejarme con John. Pues, ahora que lo pensaba, mi comportamiento estaba muy lejos de haber sido bueno o parecido al actuar de Cristo, en especial durante el último debate. Repasé el versículo de nuevo, con mi resaltador en mano.

Cielos. Ni siquiera hay un punto entre «la esperanza que tienen» y «háganlo con humildad y respeto». Es todo parte de una misma idea. ¿Cómo pude pasarlo por alto?

Gary tenía razón. Yo necesitaba pasar tiempo pensando en todo esto.

Pues, entonces... Miremos este texto un poco más de cerca.

Pedro les escribe a gentiles (gente no judía) que enfrentaban persecuciones por su fe, y en esta parte de la carta les recuerda sobre el testimonio poderoso que viene del sufrimiento. A fin de cuentas, si usted ve a alguien que parece estar feliz a pesar de vivir circunstancias horrendas, quizás quiera saber el porqué,

¿no? A eso se refiere Pedro cuando dice que estén «siempre preparados para dar una explicación» de su esperanza. No es tanto una defensa, como si alguien viniera a agredirlo y usted tuviera que contraatacar. Es más bien dar una razón, una aclaración. «¿Cómo puedes vivir tan esperanzado? Mira a tu alrededor. Hay pobreza, delincuencia, enfermedad, odio, guerra, muerte, destrucción. Hombre, ¿qué sabes tú que yo no sé?». La postura de Pedro no es de combate. Es de instrucción. No está diciendo: «A demolerlos, ¡vamos!». Dice: «Ayuden a los demás a entender por qué ustedes tienen tanta esperanza. Compartan la Buena Noticia».

Asimismo, aún antes de indagar en eso, les dice:

> Todos deben ser de un mismo parecer. Tengan compasión unos de otros. Ámense como hermanos y hermanas. Sean de buen corazón y mantengan una actitud humilde. No paguen mal por mal. No respondan con insultos cuando la gente los insulte. Por el contrario, contesten con una bendición. A esto los ha llamado Dios, y él les concederá su bendición.
>
> 1 PEDRO 3:8-9

Esa es la postura que Pedro quiere que tomemos cuando compartamos nuestra fe con otros: de humildad, bondad y amor.

Más adelante, dice: «Adoren a Cristo como el Señor de su vida». Entonces, desde el arranque, aclara que la apologética no es un ejercicio intelectual: es un asunto del corazón. Creo

CIELOS. NI SIQUIERA HAY UN PUNTO ENTRE «LA ESPERANZA QUE TIENEN» Y «HÁGANLO CON HUMILDAD Y RESPETO». ES TODO PARTE DE UNA MISMA IDEA. ¿CÓMO PUDE PASARLO POR ALTO?

que cuando la mayoría piensan en la apologética, la primera palabra que se les viene a la mente es *conocimiento*. Creemos que debemos sabernos la Biblia de tapa a tapa y estar preparados para presentar argumentos infalibles que dejen callado a nuestro oponente al instante para así ganar una discusión. Pero ¿cómo sería si, al pensar en la apologética, la primera palabra que nos viniera a la mente fuera *amor*?

Piénselo. Jesús no solo presentaba datos. Hacía preguntas. Contaba historias. No se enfocaba en información. Se enfocaba en personas. Pasaba tiempo con ellas. Hablaba con ellas. Oraba con ellas. Comía con ellas. Sobre todo, las *amaba*. Y las amaba bien.

Pedro sabía esto. Él estuvo presente cuando Jesús lavó sus pies y les dio a los discípulos otro mandamiento: «Tal como yo los he amado, ustedes deben amarse unos a otros. El amor que tengan unos por otros será la prueba ante el mundo de que son mis discípulos» (Juan 13:34-35). Por eso comienza hablando del amor. Después nos dice que estemos listos para dar una defensa —o para explicar— por qué tenemos esperanza. Después dice: «Pero háganlo con humildad y respeto» (1 Pedro 3:16). ¿Ve lo que hizo ahí? Arrancó con el corazón y luego terminó con la conducta. ¿Por qué? Porque a Dios le importa cómo hablamos con las personas. A Dios le importa cómo tratamos a las personas. A Dios le importa cómo nos comportamos. Sí, tienen importancia las palabras que usamos, pero Dios utiliza mejor nuestras palabras cuando las ofrecemos con amor.

Con frecuencia, los cristianos creemos que el mundo rechaza la verdad que proclamamos. Pues, ¿qué ocurre si ese no es el caso? Si usted le da a alguien un regalo envuelto en una bolsa para desechos, quizás no estén rechazando el regalo, sino la manera de regalarlo. El evangelio es el mejor regalo que podemos ofrecer al mundo. Por eso al Señor le importa cómo lo entregamos. La primera vez que yo compartí la verdad con John se la ofrecí en una bolsa para desechos. John no solo rechazó la verdad que le ofrecía. Me rechazó a mí. Y ¡con razón! Yo llegué al instituto buscando ofrecer la Palabra de Dios, pero había dejado mi buena conducta en casa.

EL EVANGELIO ES EL MEJOR REGALO QUE PODEMOS OFRECER AL MUNDO. POR ESO AL SEÑOR LE IMPORTA CÓMO LO ENTREGAMOS.

Pedro no termina ahí. Continúa diciendo que, al compartir la razón de nuestra esperanza con humildad y respeto, deberíamos mantener «siempre limpia la conciencia. Entonces, si la gente habla en contra de ustedes será avergonzada al ver la vida recta que llevan porque pertenecen a Cristo» (1 Pedro 3:16).

Pedro nos exhorta a que nos aseguremos de poder salir de las experiencias de evangelización con la conciencia limpia. ¿Por qué? Porque por más que demos una excelente defensa, si no la presentamos con humildad y respeto nuestro comportamiento puede contrarrestar el efecto positivo que podría haber tenido nuestro mensaje.

Por ejemplo, hace unos años, andaba por la zona de Little Five Points donde vivo en Atlanta, con un par de amigos de la iglesia. Estábamos hablando con unos israelitas hebreos que estaban predicando en la esquina. La conversación comenzó muy bien, pero cuando descubrieron que éramos cristianos,

¡cómo cambiaron de tono! Al instante, estaban gritando cosas como: «¡Ustedes se tragaron la religión del blanco! ¡Les han lavado la cabeza! ¡Son víctimas de las enseñanzas del amo de esclavos!». No le miento, ellos armaron un barullo.

A esto voy: nosotros no éramos los únicos que andábamos por allí. Bastante gente alrededor de nosotros se puso a escuchar y, en un momento, uno de ellos hizo un gesto hacia mí y mis amigos y dijo: «¡Vamos! No sé quién de ustedes tendrá la razón, pero prefiero creer en tu Dios, hermano, ¡porque estos hombres los están tratando como basura!».

Nuestra manera de representar a Cristo importa. Nunca deberíamos terminar una conversación confiados de haber dicho la verdad pero inseguros de nuestra *manera* de decirla. La verdad del evangelio ya es suficientemente ofensiva por sí sola. Nosotros no necesitamos sumar ofensas con nuestra mala conducta. En otras palabras, no deje que su orgullo asfixie su mensaje.

A fin de cuentas, nuestra manera de encarar la apologética será diferente cuando no esté motivada por el deseo de dominar a otras personas, sino por el amor, la compasión genuina y el deseo de ver que los demás descubran la verdad de Dios que da vida.

NUESTRA MANERA DE REPRESENTAR A CRISTO IMPORTA. NUNCA DEBERÍAMOS TERMINAR UNA CONVERSACIÓN CONFIADOS DE HABER DICHO LA VERDAD PERO INSEGUROS DE NUESTRA *MANERA* DE DECIRLA.

Lo que Gary quería que yo entendiera, y lo que yo necesitaba aprender es que la apologética no se trata de ganar una discusión. La apologética auténtica se trata de adorar a Cristo como el Señor de nuestras vidas, amar a los demás más que a nosotros mismos, y presentar el evangelio de Jesucristo con amor.

Pasé mucho tiempo durante la semana pensando en John, y cuanto más pensaba en él más crecía el deseo de alcanzarlo en vez de vencerlo. Para poder hacer eso, me di cuenta de que no necesitaba solo aprender más de las Escrituras. Necesitaba aprender más sobre *él*. Ahora bien, no estoy diciendo que ya no estaba comprometido a aprender las Escrituras. Es fundamental aprender información veraz cuando intentamos alcanzar a un mundo que se muere a causa de mentiras. Solo digo que no quería basar mi identidad en esa información. Cuando construimos nuestra identidad a partir de la *información* que sabemos en vez de hacerlo del *Dios* que conocemos, entonces tratamos a los demás como proyectos y no como personas hechas a la imagen de Dios. A estas alturas, estaba convencido de que mi manera de acercarme a John no agradaba a Dios.

La semana siguiente, cuando llegué al comedor, John estaba sentado en nuestra mesa habitual, Biblia en mano, esperándome. Yo a propósito había llegado un poquito tarde. No lo ocultaré: estaba nervioso y una gran parte de mí quería esquivar a John. Cuando Dios te golpea la mano y te dice que estás equivocado, es algo delicado volver a acercarse a alguien.

—Oye, amigo —dije, sentándome frente a John. Podía ver en su mirada que estaba listo para otra batalla—, estuve pensando mucho en estos últimos días y la verdad es que estoy cansado de discutir contigo todo el tiempo.

Me miró con desconfianza, como si escondiera un puñal detrás de mi espalda.

—Cómo... ¿No quieres que hablemos más?

—No, hermano, no —expliqué—. Me gusta hablar contigo. Es solo que... llevamos casi cuatro meses haciéndolo, y... pues, sigo sin saber nada sobre ti.

Me miró como si le hubiera propuesto salir a andar juntos en bicicleta o algo así. Era incómodo, pero yo sabía que era necesario.

—Es solo que no quiero vivir haciéndote la contra todos los días.

Él parecía no saber cómo responder a esto, así que continué:

—Déjame hacerte una pregunta.

Por instinto, John se irguió en su asiento y apoyó la mano en su Biblia. Lo único que sabía hacer conmigo era batallar.

—¿Cómo llegaste a ser testigo de Jehová? —pregunté.

—¿En serio? —Movió su cabeza hacia un costado.

—Claro. Quiero saber, en serio.

Se inclinó hacia atrás, me miró fijamente por un segundo y se lanzó a contar su historia. No entró en tanto detalle, pero lo que sí me contó me abrió mucho el panorama. Resulta que cuando era niño, él y su madre iban juntos a una iglesia cristiana. Pero entonces ella empezó a ver muchas cosas que sucedían en la iglesia que le preocupaban y le hacían cuestionar su fe. Durante ese mismo periodo, su madre empezó a hablar con unos testigos de Jehová y, unos meses más tarde, se unió a ellos y llevó a John con ella.

—Entonces, ¿no tuvo nada que ver con Dios o con Jesús? —pregunté—. ¿Fue más bien por muchas cosas malas que pasaban dentro de la iglesia?

—Sí —dijo tras un momento de consideración.

Luego, me contó que, unos años atrás, su madre conoció a unos cristianos, y empezó a ir a su iglesia. Esto le hizo cuestionar mucho de lo que creen los testigos de Jehová. Cuando los testigos se enteraron, la excomulgaron. *¿Cómo habrá sido su encuentro con esos cristianos?*, no pude evitar el pensamiento. *¿Cómo lograron tener tal impacto en ella que quiso volver a la fe que le había fallado en el pasado?* No me lo dijo, pero puedo apostar a que tenía algo que ver con sentirse amada.

—Vaya, hermano... ¡Excomulgada! —dije—. Qué fuerte. Con tu madre, ¿suelen hablar sobre su fe?

—No, amigo. La verdad es que no estamos hablando. —Sacudió la cabeza.

Yo comenzaba a comprender porqué John se enfrentaba tanto al cristianismo. A sus ojos, los cristianos le habían quitado a su madre. Su dolor corría más profundo que nuestros desacuerdos sobre Jesús.

—Oye, amigo, lo lamento mucho.

Le pregunté entonces cómo lidiaba con esto. Dijo que la extrañaba, pero, a fin de cuentas, le encomendaba su vida a Dios. Por un momento, su mirada se desvió hacia otro lado y se quedó mirando al infinito, como si viera a la madre con quien ya no podía hablar. Yo casi quería abrazarlo. ¡Qué loco! Ya no era solo un testigo de Jehová que no creía que Jesús es Dios. Era un muchacho herido por la iglesia que había hecho pedazos a su familia. Era un hijo que añoraba a su madre.

Me podía identificar con John. La iglesia cristiana debería ser un lugar de seguridad para todos, pero, por el contrario, muchas veces aquellos que dirigen la iglesia son personas heridas que hieren a otros.

En mi adolescencia mi madre no me llevaba a la iglesia con mucha frecuencia, pero la mayoría de las iglesias a las que sí me llevó me sacaban de quicio. Una vez, cuando tenía alrededor de trece años, mi mamá me llevó a una iglesia pentecostal. Yo no entendía nada. No busco difamar. He conocido muchos pentecostales fieles desde ese entonces. En esa época, sin embargo, la iglesia a la que íbamos me dejó profundamente herido.

Yo no era lo que se llamaría un niño modelo. Ya había tenido algunos desencuentros con la ley y siempre estaba en problemas en el colegio. Por eso, en un momento de la reunión, mi madre me llevó al altar para que el predicador «pusiera sus manos sobre mí» para expulsar al diablo de mí, supongo... o algo así. Había cuatro o cinco adolescentes allí conmigo y, a uno por vez, el predicador impuso manos sobre sus hombros, cerró los ojos y gritó algo relacionado con echar al diablo. Luego los empujaba hacia atrás un poquito hasta que se caían al suelo, supuestamente, sanados.

Cuando llegó mi turno, el predicador puso las manos sobre mis hombros, cerró los ojos y gritó: «¡Que el enemigo te suelte!». Luego me empujó. *¿Por qué me acaba de empujar este hombre?*

Contraje mi torso con fuerza y mantuve la columna rígida y recta y me rehusé a caer. Él lo hizo de nuevo y esta vez me empujó con fuerza, como si estuviera *intentando* derribarme. De nuevo, mi cuerpo tenaz se negaba a entrar en ese juego. Luego del segundo empujón, mi mirada le hizo saber que no le convenía volver a tocarme. No sé si él pensaba que yo en realidad tenía un demonio o que era nada más que un niño malo. Solo sé que no me sentí amado. «A veces los demonios se arraigan mucho en un alma joven —le dijo a la congregación—. ¡Oremos todos juntos en unidad por la vida de este joven!». Luego oró, le dio una sonrisa compasiva a mi madre, me miró con desprecio y nos dijo que volviéramos a nuestros asientos.

No estoy diciendo que todo eso de caerse es falso. Yo creo que algunas personas en realidad viven encuentros auténticos con Dios de maneras que no siempre podemos explicar. Entre usted y yo, todavía creo que esos otros muchachos fingieron caerse porque sabían que era lo esperado. Yo era demasiado rebelde para jugar así en la iglesia. En retrospectiva, puedo ver que esa fue la primera vez que la iglesia me hirió, al mandarme al frente y tratar de expulsar de mí un demonio que yo no creo que tuviera.

Por primera vez, entendí que el enojo de John no se dirigía tanto hacia mí como hacia la iglesia cristiana. Solo resultaba ser que yo era un representante de ella.

Ahora que finalmente entendía su punto de partida, supe cuál era la mejor manera de alcanzarlo.

—Oye, hermano. Siento mucho que la iglesia te haya causado tanto dolor. Te entiendo.

Entonces, solo para romper el hielo un poco, le conté sobre mi experiencia pentecostal. Nos reímos juntos con ganas, y sentí que él comenzaba a bajar la guardia.

—Aun así, no todas las iglesias cristianas son malas —le advertí—. Tacharlas a todas a causa de una mala experiencia es como condenar a toda la gente blanca solo por encontrarte con uno que no te cae bien. Todos tenemos faltas, amigo. Por eso todos necesitamos un Salvador. ¿Me entiendes?

—Sí, entiendo —dijo. Luego, me miró con curiosidad y continuó—: ¿Y tú? ¿Cómo fuiste de negarte a caer en la iglesia de ese loco a estar debatiendo conmigo todo el tiempo sobre Jesús?

Entonces le conté de mi crianza en el barrio, de cuando escuché el evangelio por primera vez en la casa de mi novia, del día que le dispararon a mi amigo, de cuando me fui a vivir con mi tía Denise, de cuando conocí a Gary, de la chica en el banco y del día que acepté a Cristo en mi dormitorio. Para cuando terminé, John parecía casi tan sorprendido por mi historia como yo por la suya.

Él suponía que yo había sido criado en la iglesia. Oír cómo Jesús había ablandado poco a poco mi corazón y cómo Dios me había llamado a estar en su familia, lo obligó a revisar algunas de sus nociones preconcebidas, quizás sobre los cristianos en general o por lo menos sobre mí.

—¡Vaya! Los cristianos siempre me dieron la impresión de ser medio vagos, ¿sabes? —dijo—. Tú eres el primero que conozco que en realidad estudia las Escrituras.

—Ah... amigo, hay un montón de cristianos que estudian

como yo. No todos los cristianos son como la gente que tú y tu madre conocieron al principio.

Hablamos durante casi una hora. Le conté sobre mi abuela y mi tía, ambas grandiosas guerreras de oración. Y, por supuesto, le conté sobre Gary y yo, nuestras salidas a Washington Park para jugar baloncesto y hablar con otros sobre nuestra fe. ¡Rayos! Hasta le conté cómo Gary me había bajado a la tierra con 1 Pedro 3:16. ¡John pareció disfrutarlo! Antes de irnos a clase, los dos nos habíamos disculpado por la manera en que nos habíamos tratado.

Continuamos encontrándonos dos veces por semana para hablar de Dios, la fe y la Biblia, y cada tanto, hasta surgía algún debate. Todo era mucho más distendido. Ya no nos chocábamos tanto, y aun cuando no estábamos de acuerdo, nuestra amistad mantenía al ego y al carácter bajo control, y cada uno se esforzaba por entender el punto de partida del otro.

Por ejemplo, en vez de silenciarme o desviarme cuando yo intentaba explicar la importancia de la Trinidad, John me escuchaba hasta el final, pedía algunos pasajes para ir a estudiar solo y decía: «Bueno, P., lo voy a considerar». Yo también, aprendí a escuchar mucho más. Antes, había estado tan enfocado en exponer el error de John que solía formular la réplica en mi mente aun antes de que él terminara de hablar. Ahora me enfocaba más en entender por qué él pensaba así, y comencé a hacer preguntas menos acusadoras y más inquisitivas, más personales. A veces, ni siquiera hablábamos de las Escrituras, sino que hablábamos de películas, de nuestras familias y de las clases, de lo que fuera. A medida que conocía mejor a John, lo veía menos como un oponente y hasta menos como un testigo de Jehová; comenzaba a verlo como un amigo, alguien hecho a la imagen de Dios, como yo. Ya no quería vencerlo. Tenía un deseo genuino de alcanzarlo, de ayudarlo a ver al Señor con una luz diferente y a entender que la salvación no está reservada para solo unos pocos elegidos, sino que está disponible para cualquiera que en realidad la quiera.

Lo curioso es que tan pronto como dejamos de debatir, desapareció nuestro público. Cada tanto, Brittany o Dion o Junior se sentaban con nosotros por un rato, pero como se había acabado el espectáculo perdieron el interés. Entonces, en la mayoría de los casos, quedábamos solo John y yo, sin pedantería, sin burla, sin gritos... Solo dos sujetos sentados allí, compartiendo por qué amábamos al Señor, aun si no siempre coincidíamos en quién era ese Señor.

Con el tiempo, John se mudó a otra ciudad y perdimos el contacto. Desde ese entonces, sin embargo, en mis charlas con otros he hecho todo lo posible para llevar adelante ese acercamiento enfocado en el corazón que aprendí en el tiempo que pasamos juntos. No sé dónde está ahora o si mantiene las mismas creencias que tenía cuando estábamos en el terciario. Solo espero que, cuando piense en mí, recuerde a un cristiano que lo amó.

Si concebimos la apologética solo en términos de debates y discusiones, como una batalla que debemos ganar, erramos al blanco. Sí, debemos ser capaces de presentar la verdad fría y dura, y aunque a algunos les resulte difícil de escuchar, no podemos ceder en esto. Tampoco podemos bajar las defensas y dejar de estudiar las Escrituras. Con todo, necesitamos recordar que, al fin y al cabo, la meta principal es acercar, no derrotar. La apologética se trata de defender verdades bíblicas, pero también se trata de amar a las personas más que al conocimiento. Se trata de corregir las narrativas falsas sobre Jesús de una manera que no solo sea veraz, sino que lo represente bien.

Desde aquellos días de discutir con John, he aprendido mucho sobre cómo defender mi fe de manera amorosa y eficaz —en gran parte por prueba y error— y ahora me gustaría transmitirle a usted algunas estrategias prácticas. Aunque ¡atención! Si se lleva una sola cosa de este libro, por favor que sea esta: la meta final de la apologética no es ganar discusiones. Es ganar corazones.

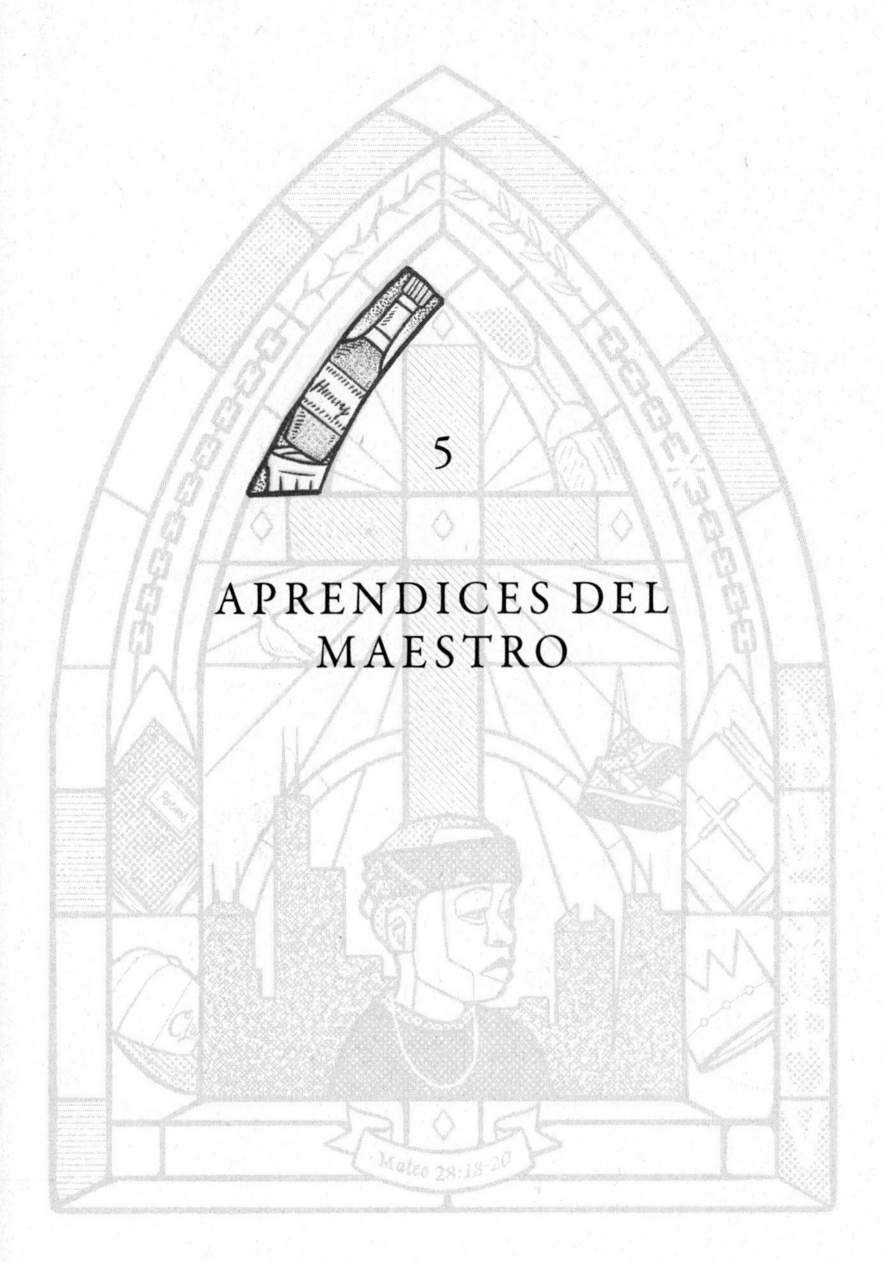

5

APRENDICES DEL MAESTRO

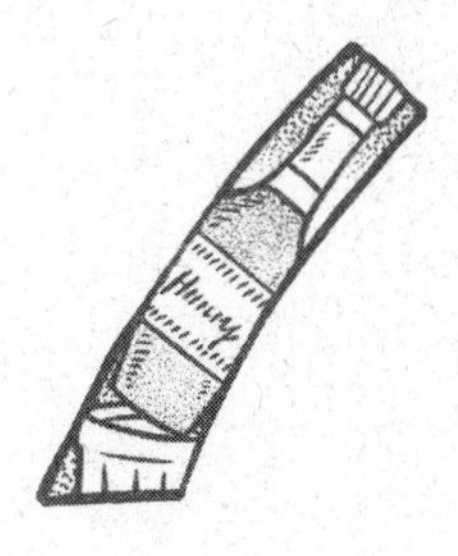

HASTA ESTE PUNTO, nos hemos centrado principalmente en cómo nos preparamos para evangelizar: debemos comprender a la persona con quien hablamos y encarar la conversación con la idea de ganar el corazón, no solo la discusión. También hemos hablado sobre qué compartir (quién es Jesús y cómo podemos ser salvos). Entonces, es hora de hablar sobre cómo compartir, porque el evangelio es un mensaje poderoso que cambia la vida, un regalo precioso que se nos ha dado para darlo a los demás. Con sabiduría y con los métodos adecuados, podemos utilizar este regalo para convencerlos de no festejar más con el mundo, e invitarlos a la mesa de Jesús para siempre. Ahora bien, recordará del último capítulo que, si le servimos el evangelio a la gente sobre la tapa de un basurero en lugar de una bandeja digna, les estamos dando una excusa para rechazarlo. ¿Me capta?

Ahora, si la persona elije rechazar el mensaje de Cristo y la belleza de su sangre derramada por ella cuando se lo hemos explicado con respeto, podemos levantar manos limpias delante de Dios y rogarle que recuerde con misericordia a un alma rebelde. Si rechaza el mensaje de Cristo porque nosotros lo presentamos de manera ofensiva, pidamos a Dios que mate nuestro orgullo y cualquier otro pecado en nosotros que estorbe al evangelio. Jamás queremos que nuestra conducta o comportamiento personal le dé a alguien una razón para rechazar el evangelio. Por supuesto, una cosa es presentarle el evangelio a alguien sin insultarlo; otra cosa es mostrarle amor y, con calma, conseguir que baje las defensas. Ahí es donde entran en juego las capacidades interpersonales.

Cuando Jesús envió a sus discípulos a predicar, les dijo: «Sean astutos como serpientes e inofensivos como palomas» (Mateo 10:16). Una serpiente es paciente. Acecha y espera, inmóvil como estatua, hasta que llega el momento de lanzarse. Es difícil apurarla. Se desliza por la tierra a su propio ritmo, y así minimiza las posibilidades de cometer errores. Una serpiente nunca se deja ver hasta que quiere ser visible. Dedica más tiempo a observar a su presa desde las sombras que a perder toda su energía cazando al sol. Las palomas... son inofensivas. No es que solo se abstengan de hacer daño, sino que ni siquiera está en su naturaleza hacerlo. Sus motivos son tan puros como las plumas blancas que abrigan sus cuerpos. Si usted manipula bruscamente a una paloma, a esta ni se le ocurre contratacar, sino que muestra una humildad innata ante los demás y así se vuelve controlable.

¿Somos pacientes como serpientes? ¿Dedicamos suficiente tiempo a observar a nuestra comunidad y a orar por el momento oportuno para lanzarnos con el evangelio? ¿O salimos de caza más de lo que observamos y oramos, hablando más de lo que escuchamos? Cuando hablamos con los demás, ¿guiamos con astucia la conversación, dirigiéndola hacia donde queremos que vaya? ¿O dejamos que el otro marque el ritmo en la conversación y nos lleve por calles que no llevan a ningún lugar? ¿Somos inofensivos como palomas? ¿Nos queda aún algo de malicia en las venas o nos relacionamos con los demás desde nuestra nueva naturaleza? Asimismo, ¿podremos mantener puros nuestros motivos aun si las personas que intentamos alcanzar no nos tratan con cuidado?

Por último, lo que estas dos criaturas tienen en común es que ambas son silenciosas. Una serpiente es silenciosa porque la astucia le dice que puede tener más éxito en la vida si se hace oír solo en el momento preciso. Hace ruido solo cuando es necesario. Una paloma es silenciosa porque su propia naturaleza la hace tierna, no endurecida por el mundo cruel que la rodea. Nosotros, a diferencia de estas criaturas, muchas veces dejamos que el mundo y las redes sociales nos discipulen *a los gritos*. Quizás pasamos más tiempo gritándole al mundo y chillando con los gestos en las secciones de comentarios en línea que intentando descubrir cómo dialogar astutamente con el mundo.

Jesús aconsejaba a sus discípulos que se metieran en estas situaciones con los ojos bien abiertos para discernir la mejor manera de decir lo que había que decir. Debían ser astutos para reconocer las oportunidades que se les abrirían al ser enviados. Además, puesto que iban en representación de él, también tenían que ser mansos y amables para que la gente viera que Dios es bueno, ¡porque lo es! Eso es lo que los discípulos de Jesús necesitan hasta el día de hoy.

En los primeros cuatro meses que pasé testificándole a John, no fui una paloma: fui una maza. Fue gracias a la dirección divina de Dios que, justo después de salir del terciario vocacional, conseguí trabajo para vender de puerta en puerta sistemas de seguridad domiciliarias. ¡Vaya! Usted no se imagina cuánto me ayudó eso a desarrollar mis habilidades interpersonales.

Ríase de mí, está bien... Pero la verdad es que ser vendedor a domicilio no es tan diferente a ser evangelista. En ambos casos se trata de ganarse la confianza de alguien y mantenerlo interesado el tiempo suficiente como para decirle todo lo que necesita oír para tomar una decisión. Es fundamental ser cortés y amable. De lo contrario, nuestra evangelización tiene pocas esperanzas de vida.

Pues, sí: yo soy un extrovertido que en realidad disfruta al conocer y hablar con la gente. Entonces, cuando promuevo las habilidades interpersonales, parece que estoy insistiendo en que todo el mundo sea como yo. Lo cierto es que, sin importar cómo sea usted, e incluso si es introvertido, hay cosas que puede hacer —como sonreír, establecer contacto visual, mantener un tono cálido y amistoso, no interrumpir, y tomarse el tiempo de aprender y llamar a las personas por su nombre— y que eso puede contribuir en gran medida a que otras personas quieran escuchar lo que usted tiene que decir.

Cuando vendía sistemas de seguridad, por ejemplo, nunca arrancaba diciendo: «Hola, vendo sistemas de seguridad», porque eso les daba la opción de decir que no estaban interesados y cerrarme la puerta en la cara. La clave del éxito en las ventas, y también al compartir nuestra fe con los demás, es atraer a las personas hacia una conversación. Por eso, en lugar de decirles que vendía sistemas de alarmas, les hacía una pregunta como: «¿Se ha enterado de los robos recientes en este barrio?». En lugar de decirle a alguien que me gustaría hablarle de Dios, le hago preguntas como: «¿Qué piensas de Dios?» o «¿Quién es Jesús para ti?». Este tipo de preguntas no solo reduce la posibilidad del rechazo, sino que le da al otro la oportunidad de ser escuchado. Si algo aprendí de dialogar con los demás, es que cada corazón tiene un clamor. Algunos clamores son más fuertes que otros, pero todos quieren ser escuchados. No cabe duda de que mostrarnos comprometidos y escuchar de verdad nos ayuda a evangelizar. Si usted hace buenas preguntas y escucha con motivos puros, los demás le enseñarán cuál es la mejor manera de servirles.

Un día llamé a una puerta y me abrió una dulce anciana de piel color café. Su cabello era un cielo gris de sabiduría, y su sonrisa decía «¡Bienvenido!».

—¿Se ha enterado de los robos en la zona? —Fue la primera pregunta que le hice. Ella dobló la muñeca y la apoyó sobre su cadera, reunió toda su preocupación y la vertió en sus ojos al mirarme.

—¡Pues, claro! —dijo.

—Cuénteme, por favor —respondí.

¡Cómo nos remontamos al pasado con esa señora! Contó que, a lo largo de los años, vio a su barrio seguro volverse una zona de guerra. En la década de los ochenta, lo único que veía volar por la calle eran pájaros, pero ahora, solo volaban balas. Me habló de una época en la que ninguno de los vecinos de la cuadra tenía que cerrar sus puertas con llave: las dejaban totalmente abiertas a principios de primavera y en el fresco otoño y así reducir la factura del aire acondicionado.

—Ya no —dijo, sacudiendo la cabeza como bandera de alerta. Estaba harta de lo que se había vuelto su barrio—. Si tuviera el dinero y no dependiera de una pensión fija, me hubiera mudado a la zona norte hace mucho tiempo.

Dijo que a veces tenía la sensación de estar esperando su turno para que entraran a su casa.

—¡Pero mi buen Señor me ha guardado!

—¿Usted es cristiana? —pregunté.

—Sí, así es. Soy salva desde hace treinta y cuatro años.

—Yo también —le dije—. Soy cristiano desde hace poco más de un año. Después de eso entramos en una linda sintonía. Hablamos del Señor y de cómo yo había llegado a la fe. Cuando me fui, le había vendido su primer sistema de alarma.

Quiero dejar esto muy en claro porque sé que quienes trabajan en ventas tienen fama de no ser confiables. Pues, por desgracia, los cristianos tampoco. Cuando gané la confianza de esta dulce dama, me aseguré de no aprovecharme de ella. Podría haberle propuesto productos adicionales para hacer una venta mayor. En lugar de eso, le vendí lo que sentía que necesitaba, ni más ni menos. La evangelización es muy parecida. No es para nada inmoral hacerle preguntas a alguien para averiguar cuál será la mejor manera de ofrecerle el regalo gratuito del evangelio, siempre y cuando nos esforcemos por discernir lo que necesitan. Siempre que tengamos motivos puros.

> EN GENERAL, A LA GENTE NO LE GUSTA QUE ALGUIEN LES VENGA A SERMONEAR. LO QUE SÍ LES GUSTA ES QUE ALGUIEN LOS ESCUCHE.

Por eso Gary siempre hablaba con los muchachos de la cancha de baloncesto sobre los problemas en el barrio. Por un lado, les mostraba que estaba al tanto de los problemas que enfrentaban. También les daba la oportunidad de sacar algunas de sus propias frustraciones y dar sus teorías sobre por qué todo estaba tan revuelto. Al momento de comenzar con los temas del pecado y la redención, Gary los tenía conquistados por completo. Ahora bien, si hubiera entrado en la cancha y dicho: «Ey, amigos, estoy aquí para hablarles de Jesús», esos hombres hubieran pensado: *Ah, otro bicho raro que nos obliga a escucharlo*, porque, en general, a la gente no le gusta que alguien les venga a sermonear. Lo que sí les gusta es que alguien los escuche. Como decía mi abuela: «Preston, por algo Dios te dio dos orejas y una sola boca. Es para que escuches el doble de lo que hablas». Gracias a Dios por esa sabiduría que emana de nuestros mayores, sencilla y a la vez profunda como un océano.

Las habilidades interpersonales son un instrumento importante en la caja de herramientas de cualquier evangelista.

Aunque en mi época de vendedor aprendí mucho sobre cómo interactuar con las personas, para ser sincero, esas habilidades no se me ocurrieron a mí: solo seguí al Maestro.

Jesús era experto en atraer personas hacia la conversación, en darles su atención, despertar su curiosidad y desafiarlas. Por algo lo invitaban a fiestas y querían estar cerca de él. Y es por algo, también, que se percibe hoy en día a la evangelización como una mala palabra. Es demasiado frecuente que quienes dicen representar a Cristo interactúen con los demás de una manera que traiciona al Jesús que dicen representar. Así que busquemos aprender algunas de las capacidades interpersonales necesarias para compartir eficazmente nuestra fe... Y aprendamos de quien mejor lo hizo.

Una de mis historias favoritas de la Biblia está en Juan 9, cuando Jesús sana a un hombre que era ciego de nacimiento. Lo que más me gusta de la historia es cómo comienza: «Mientras caminaba, Jesús vio a un hombre que era ciego de nacimiento» (Juan 9:1). Notará que esta historia no arranca con Jesús sanando a un ciego: arranca con Jesús *viendo* a un ciego. Del mismo modo, al inicio de nuestra evangelización, debemos ver a la gente. Ver necesidades. Ver historias. Ver personas sedientas que necesitan un trago de agua eterna. El primer capítulo de Marcos nos dice: «Después del arresto de Juan [el Bautista], Jesús entró en Galilea, donde predicó la Buena Noticia de Dios. "¡Por fin ha llegado el tiempo prometido por Dios! —anunciaba—. ¡El

ES DEMASIADO FRECUENTE QUE QUIENES DICEN REPRESENTAR A CRISTO INTERACTÚEN CON LOS DEMÁS DE UNA MANERA QUE TRAICIONA AL JESÚS QUE DICEN REPRESENTAR.

reino de Dios está cerca! ¡Arrepiéntanse de sus pecados y crean la Buena Noticia!"» (Marcos 1:14-15). Jesús el evangelista anda por allí compartiendo la Buena Noticia, y ve a un hombre que había nacido ciego. Mucha gente miraba a este hombre todos los días, pero no lo *veían* de verdad. Jesús ve que este hombre está necesitado, y la compasión lo impulsa a actuar en su favor. Jesús escupe en el suelo, pone el lodo en los ojos del hombre y lo manda a lavarse los ojos. Él obedece y vuelve sanado. Fíjese en que, cuando Jesús lo ve, no se siente impulsado a presentarle el evangelio primero, sino a satisfacer una necesidad. Jesús *sí* termina ofreciéndole vida cuando se ofrece a sí mismo.

Más adelante en la historia, los fariseos, con corazones oscuros como noches sin luna, vienen y expulsan de la sinagoga al que una vez fue ciego porque se niega a hablar en contra de Jesús. Entonces Jesús vuelve a buscar al hombre y ocurre otro milagro:

> Cuando Jesús supo lo que había pasado, encontró al hombre y le preguntó:
>
> —¿Crees en el Hijo del Hombre?
>
> —¿Quién es, señor? —contestó el hombre—. Quiero creer en él.
>
> —Ya lo has visto —le dijo Jesús—, ¡y está hablando contigo!
>
> —¡Sí, Señor, creo! —dijo el hombre. Y adoró a Jesús.
>
> JUAN 9:35-38

¿Lo ve? Jesús sanó a este hombre de la ceguera física, pero al hombre todavía le faltaba la visión espiritual para ver que quien lo había tocado no era solo un hombre, sino Dios revestido de humanidad. Así que Jesús volvió y lo sanó por segunda vez, pero esta vez de su ceguera espiritual. ¿A qué voy con esto? Jesús en definitiva tenía la intención de revelarse al hombre para que este pudiera hacer aquello para lo cual fue creado: adorar a Dios. Jesús suplió sus necesidades físicas antes que las espirituales, sin embargo, porque Jesús cuida de la persona en su totalidad. Jesús es Dios. No necesita servir a los demás primero para luego revelarse a ellos. Podría, sin problemas, haber sanado primero a este hombre de su ceguera espiritual, pero Jesús aprovechó esto para mostrarnos cómo preparar un corazón para él. Cuando al hombre se le quitaron las vendas de los ojos espirituales, su corazón ya estaba preparado para adorar. Me imagino con cuánta claridad recordaba que nunca había visto nada hasta que Jesús levantó la oscuridad de sus ojos naturales. Por eso, cuando Jesús le quitó el velo de sus ojos espirituales, el hombre depositó de inmediato su confianza en aquel que ya se la había ganado anteriormente.

Amigos míos, del mismo modo, más personas nos escucharán compartir sobre Jesús si recuerdan que pasaban hambre antes de que les diéramos de comer, que estaban desnudos antes de que los vistiéramos. En las palabras de mi abuela: «A la gente no le importa lo que tú sabes hasta que saben que ellos te importan». Pero por importante que sea satisfacer las necesidades físicas de la gente, no podemos terminar ahí. Muchas veces he oído citar la frase: «Predica el evangelio en todo momento, y si es necesario, usa palabras», como si dijeran: «Ama con el amor de Jesús mediante tus acciones, y solo habla del evangelio cuando te veas obligado a hacerlo». A simple vista, esto puede parecer sabio e incluso santo. Cuando escarbamos un poco, sin embargo, ¿hasta qué punto es cierto? Pablo dice: «¿Pero cómo pueden ellos invocarlo para que los salve si no creen en él? ¿Y cómo pueden creer en él si nunca han oído de él? ¿Y cómo pueden oír de él a menos que alguien se lo diga?» (Romanos 10:14). Hacer buenas obras sin la verdad del evangelio nos convierte en meros filántropos, pero la verdad del evangelio sin buenas obras nos hace parecer hipócritas. Por eso, mi consejo es que sirva bien a los demás con sus acciones para que, cuando hable del evangelio, ¡sus palabras peguen más fuerte!

Veamos algunos detalles más del relato de Juan 9. Hubiera sido fácil pasar por alto a ese hombre ciego de nacimiento, como hacían tantos, pero Jesús ve al hombre y esto llama la atención de sus discípulos. Enseguida le preguntan: «Rabí, ¿por qué nació ciego este hombre? [...]. ¿Fue por sus propios pecados o por los de sus padres?» (Juan 9:2). Qué pregunta más insensible, ¿no le parece? Jesús aun así responde con gracia porque incluso esto es parte del discipulado: «No fue por sus pecados ni tampoco por los de sus padres [...]. Nació ciego para que todos vieran el poder de Dios en él» (Juan 9:3). Los discípulos quieren saber la causa de su sufrimiento. Jesús, sin embargo, no responde con la *causa* de su sufrimiento, sino con el *propósito* de su sufrimiento. Cuando no vemos que Dios tiene un propósito divino para las personas que creó, faltará gracia en nuestra evangelización.

Cuando Jesús miraba a las personas, no solo veía su pecado, sino también su historia. Al mirar a las personas por el lente de sus historias y no de su pecado, siempre las recibía con compasión.

CUANDO JESÚS MIRABA A LAS PERSONAS, NO SOLO VEÍA SU PECADO, SINO TAMBIÉN SU HISTORIA. SIEMPRE LAS RECIBÍA CON COMPASIÓN.

Para aprender a interactuar sobre el evangelio con el mundo que nos rodea, el mejor ejemplo es Jesús, y podemos aprender cómo no interactuar con los demás si observamos a los fariseos.

Después de que Jesús sanara al ciego de nacimiento, la gente que había visto al hombre mendigando anteriormente se sorprende y entonces lo llevan ante los fariseos. Estos le preguntan cómo sucedió, y él dice: «Jesús me sanó», a lo cual ellos responden: «Ese tal Jesús no viene de Dios porque trabaja en el día de descanso» (Juan 9:16). Una vez más, aquí vemos a un hombre transformado milagrosamente —antes estaba ciego y hoy puede ver todo— y lo único que hacen es pensar en la ley. ¿No se parece al clima político en el que vivimos hoy en día, cuando la gente se fija más en legislaciones y en políticas que en las personas y sus historias? Los fariseos incluso le preguntan: «¿Qué opinas del hombre que te sanó?». No sienten curiosidad acerca de Jesús: solo quieren saber qué posición adoptará el hombre. También en la actualidad, muchas veces nos preocupamos más por la postura de los demás que por mostrar a Jesús. Si estamos más pendientes de la política que de las personas, cuando alguien comparta su historia no escucharemos un testimonio, sino una postura. No oiremos un clamor, sino una posición. He aprendido de Jesús que no debo responder a los demás solo según lo que veo en la superficie. Para servir bien a los demás, les hago buenas preguntas y escucho con atención para oír el clamor silencioso que se esconde bajo la superficie.

Un día, mientras evangelizaba en una comunidad llena de ateos y opciones de la Nueva Era, comencé una conversación con una joven afroamericana. A primera vista, podía ver que era bastante ecléctica. Dos collares de cristal abrazaban su clavícula, bien instalados como viejos amigos inseparables. Su chaqueta de cuero negro estaba desgastada pero colmada de carácter, como uno de esos tesoros escondidos que uno desentierra del fondo del estante en una tienda de segunda mano. Cuando me presenté como cristiano, su sonrisa se dibujó con intriga. Me recordaba la conducta de la mayoría de los policías cuando nos paran de noche al costado del camino: dispuestos a charlar pero, a la vez, cautelosos y precavidos.

—¿Tú crees en Dios? —le pregunté.

—No, yo solo adoro a mis ancestros —respondió.

De inmediato, mi mente se puso a recorrer todos los pasajes que conocía que hablan del culto ancestral. *¿Cómo puedo empezar a compartir la verdad de Dios con ella?*, me preguntaba mientras escuchaba su explicación de por qué sus antepasados eran los únicos que merecían su adoración.

—Pues, la Biblia nos advierte contra adorar a los muertos —dije, bordando mi voz con lazos de calma para no parecer agresivo—. ¿Puedo compartir contigo por qué creo que Jesús es una mejor opción?

—Para ser sincera, no. No puedes —replicó ella—. No hay nada que puedas decirme sobre el Dios cristiano que ya no sepa. Yo crecí en la iglesia. Ya he probado esa religión, y ¡no era lo mío!

Cada vez que intentaba razonar con ella, me rechazaba con rapidez, casi como si se anticipara a lo que iba a decir. Parecía que no llegábamos a ningún lado. Yo sabía a qué pasajes bíblicos referirme, pero al parecer solo la alteraban más. No era mala conmigo pero sí muy cortante.

Al hacerle preguntas, me di cuenta de que había sufrido heridas en la iglesia y que lo único que yo lograba cuando citaba las Escrituras era abrir las cicatrices.

Así que le pregunté:

—¿Qué pasó entre tú y la iglesia?

Puso los ojos en blanco, como si su vista se resistiera a reabrir los recuerdos sobre lo que la iglesia le había hecho. Dejó escapar una risa que pareció impulsiva.

—Me dijeron que los abusos que viví eran la voluntad de Dios y, básicamente, que yo me las arregle.

En ese momento mi corazón se descolocó dentro de mi pecho. El dolor en su interior comenzaba a pedir auxilio. Yo sabía que su dolor no era tan profundo como el amor que Dios tenía por ella, pero necesitaba descubrir cómo compartirle esta verdad. *Preston*, me dije a mí mismo, *recíbela con compasión y no pases por alto sus dolencias solo para darle más de las Escrituras.*

—Lamento que te haya pasado eso —le dije. Antes de que pudiera decir más, me cortó. Era claro que ella no quería mi compasión.

—No pasa nada —respondió—. Pero déjame preguntarte: ¿fue por voluntad de Dios que abusaran de mí?

—¿Cómo? —dije. Intentaba ganar tiempo para responder su pregunta. ¡Me había tomado tan de sorpresa!

—Me oíste —dijo—. ¿Fue por voluntad de Dios que abusaran de mí? ¿Fue voluntad de Dios que no tuviera una buena relación con mi madre?

Estas eran preguntas difíciles de responder. No porque no supiera qué decir sobre la soberanía de Dios y de cómo permite que las cosas sucedan para su gloria. Sentía que, en ese momento, yo no podía depender solo de lo que sabía sobre Dios. Necesitaba ayuda directa del mismo Dios que sabía por qué ella había vivido todo eso. *Señor* —oré en silencio—, *por favor, ayúdame.*

El Señor me respondió con palabras que percibí en mi espíritu: *Comparte la historia de tu esposa con ella.*

—No. Lo digo en serio, hermana —comencé—. Siento mucho que te haya pasado eso. No lo he vivido yo mismo, pero mi esposa tiene una historia parecida a la tuya. También abusaron de ella cuando era joven. En nuestro matrimonio, la he visto luchar con lo que le hicieron, y eso ha sido una de las cosas más duras que he tenido que vivir.

Su dureza empezó a aflojar. Por primera vez, me miró como un par, hecho a la misma imagen, y no como a otro cristiano más intentando convertirla de regreso al dolor del pasado.

—Lo lamento —dijo—. Lo siento en realidad por tu esposa. Sé lo que es pasar por eso.

—¿Puedo contarte lo que Dios hizo con mi esposa? —pregunté yo. Cuando me dijo que sí, continué—: Dios salvó a mi esposa y utilizó su historia para bendecir a personas en todo el mundo. Dios no dejó que su dolor se desperdiciara. Dios nunca le prometió que no ocurrirían cosas malas. Pero, hermana, ¿adivina qué? Permaneció a su lado en todo momento. Reformuló todo para su bien, y para la gloria de Dios. Él es bueno, por eso nunca nos dejará pasar malos momentos sin propósito. El mejor ejemplo de eso es Jesús. Mi esposa sirve a un Dios que no se limitó a verla sufrir, sino que se sacrificó y sufrió también. Lo grande de Dios, lo que no pueden ofrecerte tus antepasados, es que no te pide que sufras sola. Todos vivimos algún tipo de sufrimiento en este mundo malvado, pero Dios se introdujo en la historia humana para compartir tu sufrimiento. Lamento el daño que te hizo la iglesia. Pero Dios quiere sanarte.

Entonces, pude compartir el evangelio con ella utilizando la historia de mi esposa, e incluso me dijo:

—Me encantaría conocer a tu mujer algún día.

Si no me hubiera interesado por *su* historia, si no hubiera hecho las preguntas adecuadas, es probable que hubiera pasado todo el tiempo discutiendo sobre las Escrituras (según mi percepción) con una mujer muy amargada que adoraba a sus antepasados. No dediqué mi tiempo a desafiar sus creencias. Procuré entender su historia para poder, entonces, responder a una necesidad. Para en realidad mostrarle amor.

Muchos creen que ser buen apologeta significa tener todas las respuestas correctas. Como hemos visto, sin embargo, suele ser aún más importante hacer las preguntas correctas.

Casi siempre que le hacía preguntas a John, lo hacía para tenderle una trampa. Había estudiado a los testigos de Jehová lo suficiente como para saber exactamente qué argumento iba a dar. Entonces, como un experto en ajedrez, le hacía preguntas que sabía que me llevarían a un jaque mate espiritual para demoler su argumento. En otras palabras, le hacía preguntas para revelar lo que yo ya sabía. No fue hasta que le pregunté cómo se había vuelto testigo de Jehová que él me reveló lo que yo necesitaba saber para alcanzarlo.

Ahora bien, Jesús tenía una ventaja clara al momento de hacerle preguntas al otro. Juan escribe que Jesús «sabía lo que había en el corazón de cada persona» (Juan 2:25). Podríamos decir que ni siquiera necesitaba hacer preguntas, pero las hacía igual.

Jesús solía enseñar con parábolas, breves relatos con una lección espiritual, para interrogar a sus oyentes y obligarlos a responder con sus propias preguntas. Contó una de sus parábolas más famosas, la del buen samaritano, en respuesta a la pregunta de un experto en la ley («¿Y quién es mi prójimo?»), para formular otra pregunta en respuesta: «¿Cuál de los tres te parece que fue el prójimo del hombre atacado por los bandidos?» (Lucas 10:29, 36). Jesús contó la parábola de la viuda insistente para enseñar a sus discípulos sobre la oración, pero la concluyó con una pregunta: «Cuando el Hijo del Hombre regrese, ¿a cuántas personas con fe encontrará en la tierra?» (Lucas 18:8). Además, el final abierto de la parábola del hijo pródigo, cuando el padre dice: «Teníamos que celebrar este día feliz. ¡Pues tu hermano estaba muerto y ha vuelto a la vida! ¡Estaba perdido y ahora ha sido encontrado!» (Lucas 15:32), actúa como un cuestionamiento a los líderes religiosos que murmuraban porque Jesús «se juntaba con semejantes pecadores ¡y hasta comía con ellos!» (Lucas 15:2). Estos relatos y estas preguntas obligaban a los oyentes a ir más allá de sentirse superior para sinceramente examinar su corazón y sus motivaciones.

Jesús comprendía el valor de hacer preguntas: esto atrae a las personas. Les mantiene el interés.

Cuando vendía sistemas de seguridad, yo hacía preguntas a los propietarios, incluso preguntas no relacionadas con la seguridad. Preguntaba cosas como: «¿Cuánto tiempo lleva viviendo aquí? ¿Qué le atrajo a este barrio?» y prestaba atención a cosas como fotos familiares, mascotas, antigüedades o colecciones especiales. En otras palabras, buscaba conocerlos y percibir qué cosas eran de valor o importancia para ellos. Saber que tenían niños pequeños en la casa o una de esas puertitas para perros que dan al jardín me ayudaba a personalizar mi propuesta de venta específicamente para ellos.

Por muy tentador que sea tener un guion, cuando compartimos nuestra fe, será mucho más fuerte y eficaz si la personalizamos. Nadie quiere sentirse como un número más o un proyecto. Quieren sentirse especiales. Y lo son, pues. Porque fuimos hechos a la imagen de Dios, todos somos especiales. Dios nos ama a cada uno de nosotros, con nuestra individualidad única y nuestra hermosa imperfección. Además, estamos llamados a amar a los demás como él nos amó (ver Juan 13:34). En eso consiste la evangelización: en amar tanto a los demás como para querer que tengan lo que nosotros tenemos en Cristo.

Así que las preguntas son una vía valiosa para dialogar con otros. Les ofrecen el espacio para hablar. Cuando las personas hablan, revelan lo que hay en sus corazones, lo que les preocupa, lo que temen, lo que dudan y lo que desean. Cuando sabemos estas cosas sobre los demás, podemos conectarlos mejor con la verdad de las Escrituras.

Cuando usted se comprometa de verdad con la gente, ellos le enseñarán cómo servirles. Por ejemplo, las personas con quienes me resulta más difícil compartir el evangelio es con los bandos más agresivos de israelitas hebreos. Algunos bandos pueden ser temperamentales. Pueden ser ruidosos y condenatorios. A veces, cuando intentaba enfrentarme a esas personas, la cosa se venía abajo muy pronto. Cuando empezaba a discutir con ellos de teología, lo único que oían era: «Estoy desafiando tu identidad», y solo arremetían con más fuerza. Después de mucho tiempo de hablar con ellos, sin embargo, he llegado a descubrir que tanta hostilidad esconde heridas muy profundas.

Una vez hablé con uno que andaba gritándole al mundo desde una esquina. La cosa se ponía tensa porque, desde el punto de vista de estos hombres, un afroamericano que sigue «las enseñanzas del blanco» es el equivalente a un recaudador de impuestos en la época de Jesús. Es decir, me veían como un traidor a mis hermanos. Para apaciguar un poco la situación, le pregunté cómo había llegado a ser judío hebreo. Al principio se mostró desconfiado, casi como si el gobierno me hubiera enviado para espiarlo. No mucha gente le habrá hecho esa pregunta. Pero en cuanto le aseguré: «Solo pregunto por curiosidad. En realidad quiero conocer tu historia», se sinceró enseguida. Me dijo que, cuando era pequeño, odiaba ver que los negros siempre fueran tratados como basura.

—Por años, el hombre blanco ha tratado mal a los negros —dijo—. Los blancos han abusado de nosotros, han violado a nuestras mujeres, nos han esclavizado, han robado nuestro patrimonio y nuestro nombre. Jovencito, ¡todavía estamos lidiando con eso! Solo mira toda esta brutalidad policial.

Entonces, un día, escuchó a alguien hablando en una esquina y fue como si se le encendieran las luces.

—Vaya, todo cobró sentido —dijo—. Es que somos el pueblo elegido que aparece en la Biblia.

Comprendí que toda esa ira era, básicamente, una respuesta al trauma. La gente formula ideologías para hacerle frente al dolor, para poder darle sentido. Al hacer esto, algunas personas le dan la espalda al evangelio. Piensan: *¡Vaya! ¿Esclavitud? ¿Brutalidad policial? ¿El KKK? A Dios no le importan los negros.* Algunos dejan de creer en Dios por completo. Otros, en cambio, se ponen en el extremo opuesto y dicen: «Oh, ¡con razón nos pasa todo esto! Somos el pueblo elegido de Dios. No son los blancos quienes heredarán el reino de Dios. ¡Somos nosotros!».

Preguntarle por qué creía lo que creía bajó la temperatura de la conversación, porque permitió que él sintiera que yo lo veía y lo escuchaba. Casi nadie se toma el tiempo para entender el «porqué» detrás del actuar de los israelitas hebreos; se limitan a descalificarlos como una secta disparatada. Cuando usted comprende de dónde vienen, sin embargo, se vuelve más fácil alcanzarlos.

Por ejemplo, un día hablaba con un judío hebreo y distinguí el dolor en su voz cuando me contó que los niños blancos lo hostigaban en el colegio porque él tenía piel oscura, pelo áspero y una nariz grande y típica de su etnia. Me dijo que cuando después conoció a los israelitas hebreos, de repente sintió que tenía un propósito y una identidad.

—Perdóname si te malinterpreto —le dije—, pero parece que encuentras tu identidad más en esta ideología que en Dios mismo.

Se puso un poco a la defensiva, aunque, en retrospectiva, creo que eso tenía menos que ver con mi cuestionamiento de su identidad y más con que mi comentario se aproximaba demasiado a la verdad.

—Espero que no te esté malinterpretando a *ti*, hermano, pero creo que te esclavizan las enseñanzas de los blancos — dijo.

No me ofendí. Al contrario, le hice otra pregunta:

—¿En qué sentido?

—¡Mira la historia, hermano! —respondió—. ¡Solo han hecho maldades, y tú les confías tus libros, tus sermones, tu familia y tu vida! En tu mente, sigues esclavizado.

—¿Puedo hacerte una pregunta, hermano? —pregunté yo.

—Adelante —dijo con una expresión frustrada.

—Hipotéticamente, si borraras de la historia de este país todo lo que los blancos le hicieron a los negros, ¿existirían los israelitas hebreos?

—¿De qué hablas, hombre? —preguntó, alterándose.

—Toda tu evidencia de que los negros son los hijos perdidos

de Israel se basa más que nada en lo que los blancos le han hecho a los negros, no tanto en lo que *Dios* ha hecho. No hago excusas por el mal que se ha cometido contra nuestro pueblo a lo largo de la historia de este país. Pero, hermano, tus enseñanzas se enfocan mucho más en lo que los blancos han hecho en comparación con lo que Dios ha hecho por los negros. Todas tus convicciones giran en torno a la maldad de los blancos. Caballero, con todo respeto, te pregunto, ¿esto no te hace más esclavo que yo de las enseñanzas del opresor blanco?

Amigos, no les voy a mentir: me miró como si quisiera arrancarme la cabeza. Me llamó ignorante y me dio las buenas tardes. Lo que no tuvo fue una respuesta para mí. Otra cosa que hace una buena pregunta es permitir que alguien vea sus propias contradicciones sin que usted tenga que decírselas.

No todas las conversaciones van a terminar bien, pero creo en verdad que, aquel día, mis palabras le mostraron una verdad: que él permitía que el pecado humano, y no la fidelidad de Dios, moldearan su perspectiva.

La cuestión es que cuando usted hace preguntas a la gente, sobre todo acerca de ellos mismos, demuestra que se interesa por ellos personalmente, y los muros empiezan a derrumbarse. Incluso si los muros permanecen, esas preguntas que hacemos plantan semillas en la mente. Dios puede hacer maravillas con esas semillas.

Tan importante como hacer preguntas es dar a la gente tiempo y espacio para considerarlas. Si perseguimos a alguien con una pregunta tras otra sin esperar siquiera una respuesta, comenzará a parecer que buscamos acorralarlo, y a nadie le gusta la coerción. Si no me cree, pregúntele a un tal predicador pentecostal que todavía se pregunta por qué no pudo empujar al suelo a un escuálido niño de trece años.

Una vez, hablaba con un activista gay llamado Trevon, en el barrio de Little Five Points. Se había criado en la iglesia bautista, pero se topó con mucha fricción allí después de declararse gay, por lo cual empezó a practicar el budismo. Cuando empezamos a hablar, me di cuenta de que estaba nervioso. Quería asegurarme de ser cuidadoso con él. De donde yo vengo, los negros heterosexuales no suelen tratar como seres humanos a los hombres negros homosexuales. Este era un hombre muy amable, muy dispuesto a la tolerancia y a dejar que la gente sea quien quiera ser y crea en lo que quiera creer. Esto era problemático, aunque también comprensible en vista de sus antecedentes. La iglesia de la que venía solo veía su orientación sexual y no su persona integral. Hice todo lo posible por seguir el modelo de Jesús: no centrarme solo en los aspectos que otros habían despreciado en él. Toda su persona necesitaba a Jesús. Él no se preocupa solo por el pecado sexual. Jesús quiere todo nuestro corazón. Hice todo lo posible para verlo como quien era en su totalidad. Además, quería que supiera que Jesús quería todo de él. Volviendo a la conversación, en un momento le pregunté quién creía que era el Dios vivo y verdadero. Esperaba que dijera Buda, pero me lanzó una bola curva: entendía que todos somos nuestro propio dios.

¡Ahora, el viejo Preston hubiera ido por la yugular! Por el

contrario, el nuevo y más amable Preston tomó un consejo del manual del Maestro. Le hice una serie de preguntas para hacerle ver el problema intrínseco de lo que estaba planteando.

Empecé repitiendo lo que le había oído decir: primero, para asegurarme de que entendía bien y, segundo, para que se sintiera escuchado. Cuando asintió que había resumido correctamente lo que él decía, le dije: «Pues entonces, Trevon, ayúdame a entender algo. Eres un activista por los derechos de los homosexuales, ¿verdad? Pues, si todos somos nuestro propio dios y todos vivimos según nuestras propias normas, ¿cómo puedes argumentar en contra de la persona que cree que la homosexualidad está mal? Es decir, ¿qué pasa cuando tu visión del mundo choca con la mía y no estamos de acuerdo? Si ambos somos nuestro propio dios, ¿cómo decidimos quién tiene razón y quién no?».

No lo agredí. No le dije que estaba equivocado. No le lancé pasajes bíblicos. Simplemente le hice una pregunta para señalar una contradicción en lo que decía creer.

Entonces... Esperé.

Esto es importante.

El viejo Preston hubiera seguido metiéndole presión. En cambio, la Biblia nos dice que debemos meditar en «todo lo que es verdadero» (Filipenses 4:8), y es difícil meditar cuando a alguien le gusta más el sonido de su propia voz que escuchar las respuestas a sus preguntas. Es una condición común entre los evangelistas: tendemos a enamorarnos del sonido de nuestras propias voces y simplemente hablamos, hablamos, hablamos... El problema es que, al hacer eso, no permitimos que el otro en realidad enfrente las preguntas que le hacemos. En el caso de

Trevon, yo quería ver que se tomara el tiempo de masticar esa contradicción para considerarla en verdad.

Hay que ser paciente. Hay que tener disciplina. Porque la gran tentación es volver enseguida y empezar a unir los puntos uno mismo. Hay cosas que cada persona tiene que descubrir por sí misma, sin embargo, porque así se le quedará grabado.

Esa es otra razón por la cual Jesús hablaba en parábolas. Sabía que lo que decía era importante. También sabía que mucha gente no entendería lo que planteaba. Esa era la cuestión. Quería confrontar a la gente con sus palabras. Esas palabras son vida. Si logramos que la gente se enfrente a las palabras de Jesús, pueden llegar a recibir esa vida. Él quería que las reflexionaran, las meditaran y llegaran a una conclusión propia. Eso sí, lo hizo con toda la consciencia de que algunos nunca lo entenderían. No le ocultaba la verdad a nadie, pero sabía que los corazones de algunas personas se endurecen ante la verdad.

Uno puede percibir cuando un diálogo no llega a ningún lado. Si la mirada del otro escapa hacia arriba en lugar de establecer contacto visual, o si empieza a mirar su móvil, es una buena señal de que ha llegado a su límite. Eso no es necesariamente malo. Quizás simplemente esté luchando con la incomodidad que le produjo algo que usted le dijo, o porque cuestionó su visión del mundo.

Cuando eso ocurre, suelo agradecerle por su tiempo y decirle que disfruté la charla y que espero que siga pensando en lo que hemos hablado. A veces también le doy mi número de teléfono y lo invito a hablar más tarde si lo desea.

En el caso de Trevon, lo vi muy confrontado por lo que le

había dicho, en parte porque admitió: «Nunca lo había pensado así». Además, siguió pensando. Se lo permití. Finalmente, tras unos minutos, sacudió la cabeza, me miró y dijo: «Supongo que no tengo respuesta para esa pregunta».

De nuevo, no me lancé sobre la presa. Lo que hice, en cambio, fue desafiarlo a leer la Biblia. Incluso ofrecí mandarle algunos pasajes específicos por mensaje de texto para que meditara sobre ellos si quisiera. Le compartí el evangelio brevemente, le agradecí por tomarse el tiempo de hablar conmigo y le deseé lo mejor. Lo interesante es que cuando me fui, se notaba lo impactado que estaba. Seguía sonriendo, pero ahora mostraba una incertidumbre que no había visto en él cuando empezamos a hablar. No sé si finalmente se convenció de lo que le decía, pero creo que logré que cuestionara la validez de algunas de sus propias creencias, y en ocasiones eso es todo lo que podemos hacer. A veces el silencio habla por nosotros. De hecho, para alcanzar a las personas, a veces lo mejor es no decir nada.

¿Quiere saber cuál es una de las cosas más asombrosas que hizo Jesús, en mi opinión? Lloró. Cuando murió su amigo Lázaro, Jesús lloró. Lo sabemos. Llevamos toda la vida oyendo esa cita en los sermones. Piénselo. Jesús sabía que podía resucitar a Lázaro y que, de hecho, lo haría pronto. Entonces ¿por qué lloró? Lo hizo porque sabía cómo estar presente. Sus emociones no estaban ausentes en su ministerio.

La Biblia dice que Jesús amaba a Lázaro. Cuando las hermanas de Lázaro —María y Marta— le avisaron a Jesús que Lázaro estaba enfermo, sin embargo, Jesús no acudió de inmediato. En efecto, se quedó donde estaba dos días más. Luego, cuando por fin llegó a la escena, Marta lo recibió abatida y le dijo: «Señor, si tan solo hubieras estado aquí, mi hermano no habría muerto». Continuó: «Pero aun ahora, yo sé que Dios te dará todo lo que pidas» (Juan 11:21-22). Marta estaba dispuesta a hablar, por lo cual Jesús le reveló algo sobre sí mismo: «Yo soy la resurrección y la vida. El que cree en mí vivirá aun después de haber muerto. Todo el que vive en mí y cree en mí jamás morirá» (Juan 11:25-26). Jesús la abrazó con sus palabras.

Luego le salió al encuentro María, llorando. Al igual que Marta, dijo: «Señor, si tan solo hubieras estado aquí, mi hermano no habría muerto» (Juan 11:32). No dijo nada más.

Ahora, Jesús podría haber empezado a predicarle. «No te aflijas, María. Estoy a punto de resucitar a Lázaro y convertir el luto de todos en celebración». O podría haberla desafiado, diciendo algo como: «Ya sabes quién soy. ¿Por qué dudas de mí?». Pero no lo hizo. Se sentó junto a María y lloró. Sabía que todo iba a salir bien: que Lázaro resucitaría y que la angustia de María y Marta se desvanecería, y que su alegría volvería pronto. Aun así, no actuó de inmediato. En cambio, decidió estar presente por un momento en el dolor de quienes amaba.

No existe nada más fuerte que permanecer a la par de alguien en su aflicción y duelo, aunque también es desafiante. En general, no nos gusta estar vulnerables. Es más fácil debatir información que permanecer con alguien en la incomodidad del dolor, pero ¿no es eso también parte del ministerio? La Biblia nos manda a compartir la verdad del evangelio, y también nos manda a llevar las cargas los unos de los otros y a llorar con aquellos que lloran (ver Gálatas 6:2, Romanos 12:15).

Jesús se destacaba en la empatía. La llevaba puesta como un manto cálido. Sabía qué decir. Sabía qué no decir. También sabía cuándo no decir nada si eso era lo que necesitaban las personas que amaba.

A veces no hay nada que decir. El Jesús que se sienta a llorar a la par de María es un gran recordatorio de que Dios no siempre nos llama a hablar. A veces quiere que hablen nuestras lágrimas.

Con los años he aprendido a escuchar mejor, y no me refiero solo a escuchar para responder. He mejorado en escuchar para entender. Cuando escuchamos solo para responder, no estamos escuchando en serio. En la mayoría de los casos, mientras la otra persona sigue hablando, ocupamos la mente en formular nuestro siguiente argumento. La verdad es que serviremos mejor al otro si nos tomamos el tiempo de escuchar, no solo sus palabras, sino también su corazón.

Hace unos años, vi en línea un vídeo de un apologeta que esperaba en la puerta de una clínica de planeación familiar para presentar el evangelio a las mujeres que entraban, suponiendo que iban para hacerse un aborto. La mayoría lo ignoraban, pero una de ellas se detuvo y dijo: «Para que lo sepas, a mí me violaron. ¿Aun así piensas que no me deberían permitir este aborto?». Él respondió: «Que alguien te haya violado no te da derecho de matar a un bebé inocente».

¡Vaya! ¡Espera un momento, amigo!, gritaba mi mente. *Ni siquiera reconociste lo que acaba de decir... ¡Que la violaron!*

No creo que lo haya hecho con mala intención, pero ¡vamos! Cómo la erraba con ese enfoque. Lamentablemente, en ciertos círculos evangélicos, luchar por los no nacidos se ha convertido en una insignia de honor tan notable que a veces nos olvidamos de que también debemos preocuparnos por las madres. Eso no significa que tengamos que sacrificar nuestros valores. Podemos seguir siendo audaces y honestos pero, a la vez, compasivos y empáticos. Mire cómo Jesús interactuó con la mujer samaritana en Juan 4. Sabía que ella había tenido cinco maridos y que no estaba casada con el hombre con quien vivía entonces. Y se lo dijo, pero no insistió en ello ni la hizo sentir culpable. Simplemente reconoció la situación y le ofreció una mejor alternativa. Compartir el evangelio no consiste en hacer que los demás se sientan mal por su pasado. Consiste en ayudarles a ver un futuro más esperanzador en Cristo.

En resumidas cuentas, cuando compartimos nuestra fe con otros lo que decimos es importante, pero cómo lo decimos tiene una importancia igual o mayor. Otra vez, como discípulos de Jesús debemos ser «astutos como serpientes e inofensivos como palomas» (Mateo 10:16). Es decir que necesitamos encontrar ese equilibrio entre la sabiduría y la vulnerabilidad, el conocimiento y el corazón.

Muchos de los ejemplos que he dado hasta ahora tienen que

ver con la defensa de la fe frente a personas de otras creencias. Pueden ser conversaciones difíciles porque exigen un conocimiento mínimo de la teología de los testigos de Jehová, los mormones, los israelitas hebreos, los musulmanes o los budistas para entender cómo y por qué sus sistemas de fe chocan con el cristianismo.

COMPARTIR EL EVANGELIO NO CONSISTE EN HACER QUE LOS DEMÁS SE SIENTAN MAL POR SU PASADO. CONSISTE EN AYUDARLES A VER UN FUTURO MÁS ESPERANZADOR EN CRISTO.

¿Y las capacidades interpersonales? Tienen relevancia en todos los casos. Sin importar con quién hable usted, siempre busque mostrarse cortés, amable, empático y comprometido. Aun si sabe que nunca volverá a ver esa persona, busque dejar una buena impresión. Procure representar bien a Cristo. Hay un viejo refrán popular que dice: «Cuida de tu conducta y tu palabra; pues, para algunos, quizás tú seas la única Biblia que leerán». ¡Amén, hermanos!

Voy a decirle algo. Por haber vivido la mayor parte de mi vida en localidades urbanas que tienden a ser un mosaico de diversas religiones, he tenido literalmente cientos de conversaciones como las que he compartido hasta aquí, cada una con sus propios desafíos. Aun así, le aseguro esto: algunas de mis conversaciones de fe más duras y emocionalmente cargadas no las he tenido en una esquina con un completo desconocido, sino en mi propia casa con amigos y familiares.

Ahora que usted ha visto cómo es la apologética allá afuera en el mundo exterior, es hora de hablar de cómo es compartir su fe en su propio patio.

6

EL DESAFÍO DEL FRENTE INTERNO

Gracias a Dios, quien en su soberanía me ha hecho como soy, no me genera ningún problema preguntarle a un desconocido quién cree que es Jesús. Incluso he buscado en la calle a la gente de otras religiones para hablarles de Dios y de la Biblia. Pero, al momento de hablar sobre la fe con mi familia... Ahí se me ha complicado.

La verdad es que conlleva cierto anonimato practicar la evangelización y la apologética en el mundo que nos rodea, no así en el mundo del cual venimos. En el mundo exterior nadie sabe nada personal sobre nosotros. No saben a qué cosas le tememos. No conocen nuestros fracasos, ni tampoco de qué modo esos fracasos han intentado reclamarnos y apropiarse de nosotros. Cuando compartimos la verdad con desconocidos, a veces es más fácil ser atrevidos porque es posible permanecer escondidos a plena vista. Si un desconocido se enoja con usted, si las cosas salen mal, o —espero que no— usted pierde la calma y un par de almas se le escapan de la mano, por lo menos tiene pocas probabilidades de volver a ver a esas personas. Sin embargo, no puede esquivar a su familia ni a sus amigos. Cuando usted habla con quienes ya lo conocen, esos antecedentes vuelven algo incómodo el hablar de su fe y de la verdad del evangelio.

Recuerdo el primer encuentro familiar al que asistí después de volverme cristiano. Ahora bien, no se olvide que yo era un rebelde salvaje antes de entregar mi vida a Cristo. Fumaba tanta hierba que mi cuerpo ya estaba desacostumbrado a estar sobrio. Cuando Dios salvó mi alma, tomó esa adicción y la clavó en la cruz junto al Jesús crucificado. De hecho, cambié tanto después de volverme cristiano que empecé a asustar a algunos miembros de mi familia, en especial a mi primo Lil Ron.

Lil Ron éramos muy amigos desde la infancia. Más que primos, éramos como hermanos. Yo siempre he sido bastante menudo, así que necesitaba un primo de gran estatura y corazón de león que me cubriera las espaldas en la jungla de cemento que recorríamos a diario. Mi primo me salvó la vida un par de veces, ¡fuera de broma! Lil Ron y yo compartimos toda una vida de historias, pero dejaré eso para otro libro. Nuestra relación siempre fue clara. Rara vez teníamos que usar palabras. Sabíamos qué esperar el uno del otro. Cuando le entregué mi

CUANDO COMPARTIMOS
LA VERDAD CON
DESCONOCIDOS, A VECES
ES MÁS FÁCIL SER
ATREVIDOS PORQUE ES
POSIBLE PERMANECER
ESCONDIDOS A PLENA
VISTA. SIN EMBARGO,
NO PUEDE ESQUIVAR
A SU FAMILIA NI A SUS
AMIGOS.

vida a Cristo, sin embargo, nuestra relación se complicó. Creo que Lil Ron ya no sabía cómo seguía la cosa.

Me hacía preguntas como: «P., ahora que eres cristiano, si una banda de hombres se me enfrentara ahora mismo, ¿pelearías por mí?».

—Escucha, primo —le respondía—, si alguien comienza a golpearte, sabes que buscaré protegerte. Pero ya no voy a salir a vagar contigo ni a meterme en peleas como antes.

Eso no le cayó bien, ¡para nada!

—¿Hablas en serio? Primo, ¡somos tu familia! ¡Dios no se va a molestar contigo por tan solo defender a tu familia!

En aquel momento, me sentí atormentado. No sabía cómo explicarle a Lil Ron que para mí no se trataba de conductas diferentes, sino de una naturaleza nueva. No encontraba palabras para explicar hasta qué punto mi corazón se había vuelto consciente de que un Dios santo me estaba observando. Que después de que Jesús hiciera con mi alma lo que hizo con el cuerpo de Lázaro, repetir las cosas que solía hacer sería como volver a la tumba. Que él dio la orden y la muerte me soltó. Me llamó a levantarme de la tumba.

—Primo, te entiendo —lo único que se me ocurría decir—. Es que, pues, ya no sigo un estilo de vida que deshonre a Dios.

Podía percibir su disgusto. Lil Ron sentía que yo lo juzgaba a él y a la familia. No entendía que el Dios que había sido mi juez toda la vida ahora me llamaba amigo. Intenté explicarle que no le estaba dando la espalda. Le daba la espalda al pecado que me había separado de Dios durante tanto tiempo. Lil Ron sentía que yo estaba poniendo a la familia de Dios por encima de mi familia de sangre. Sí, nuestra familia nació con la misma sangre, pero esta nueva familia que yo tenía en Cristo fue comprada con una sangre mucho más valiosa.

CUANDO SE TRATA DE LLEGAR A LAS PERSONAS MÁS CERCANAS, EL TIEMPO NO ES NINGÚN ENEMIGO Y FUNCIONA SI LO USAS CON SABIDURÍA.

Después de ver la reacción de Lil Ron, en cierto modo evité hablar de mi fe con mi familia y mis amigos íntimos por temor a que se sintieran incómodos y, además, también temía al rechazo. Así estaba yo: un audaz león de la fe con desconocidos, pero, con mi familia, me encogía y me convertía en un insecto pasivo que buscaba pasar desapercibido.

No sabía cómo llegar a mis más cercanos, aunque pronto descubrí la buena noticia. A diferencia de los desconocidos, cuando se trata de llegar a las personas más cercanas, el tiempo no es ningún enemigo y funciona si lo usas con sabiduría. Finalmente, entendí que no se trataba tanto de hablarles, como de vivir mi vida de una manera que les llamara la atención.

Como mi abuela, tal vez.

Mi abuela era una cristiana increíble, una hermosa luz para nuestra familia. Era el tipo de luz que se sitúa en un monte y no se puede ocultar. Era generosa, amable y cariñosa. Siempre oraba por nosotros y su vida siempre apuntaba hacia Jesús. Mientras crecíamos, sin embargo, a mis primos y a mí nos atraía mucho más la vida acelerada de las calles que asomarnos al oratorio de mi abuela. Era un niño creciendo en el barrio. Quería ser popular. Quería que las mujeres me amaran sin comprometerme con ninguna. Quería ser como mi tío Stan.

En esa ciudad, el tío Stan era «el hombre». Trabajaba en la industria del entretenimiento y conocía a casi todo el mundo. Se juntaba con gente como Shaquille O'Neal, Ice Cube, Jermaine Dupri y un montón de atletas y raperos, no solo en Chicago, sino también en Los Ángeles, Nueva York, Atlanta... En todas partes. Tuvo una increíble influencia en mi vida.

Cuando yo tenía trece años, en una noche trágica en la zona sur, una bala esquivó a una multitud de gente y se incrustó en el cráneo de mi tío. Recuerdo su funeral como si fuera esta mañana. Fue un día oscuro, y él era una estrella nocturna inmóvil en su ataúd. Mi tío tenía solo treinta y un años cuando se desvaneció su vida por culpa de un hombre insensato y su bala.

Durante los próximos días, toda la familia llegó a casa de mi abuela para hacer luto y apoyarse los unos a los otros. Yo, por mi parte, estaba ansioso por pasar tiempo con mis otros tíos. Todos eran hombres valientes que conocían íntimamente el dolor. Siempre me habían dado confianza y me habían hecho sentir más fuerte de lo que era, pero esta vez era diferente. La muerte del tío Stan les arrancó toda la valentía del pecho. Pasaban el día tan inmóviles como si fueran de piedra frágil, esforzándose por no desmoronarse, fingiendo que no estaban quebrantados, tratando de ocultar el río que crecía en sus ojos cada vez que pensaban en la partida de su hermano. No existe escena más trágica que la de hombres heridos que temen ser hombres heridos en público. Durante cinco días seguidos, todos andaban por ahí en un estado de shock, llorando, y esto le pesaba mucho a mi abuela. Entonces, una mañana, habló con mi mamá.

—Tengo que entrar a mi cuarto, cerrar la puerta y arrodillarme ante el Señor.

—Está bien —dijo mi mamá—. Te traeré un plato un poco más tarde y me sentaré contigo un rato.

Pero mi abuela solo sacudió la cabeza.

—No. No quiero comer nada, no quiero beber nada y no quiero compañía. Quiero estar sola un día entero, yo solita con el Señor.

Claro que esto preocupó a mi mamá. Mi abuela se acercaba a sus setenta años y acababa de perder a su hijo menor. Fue duro ver a mi mamá intentando hacer malabares con su propio dolor y el de mi abuela. Entonces intentó de nuevo.

—Mamá, en realidad creo que debería estar contigo.

—Pam, no —replicó mi abuela—. Solo déjame en paz. Quiero estar sola ahora mismo. Necesito arrodillarme ante el Señor.

Con eso, entró en su cuarto, cerró la puerta y se quedó allí por veinticuatro horas. Entonces ocurrió lo más extraño. Es difícil explicarlo con palabras, pero a la mañana siguiente, ella tenía otro aspecto. Salió de su cuarto como una canción nueva, sonriendo y recorriendo la casa para consolar y orar por todos. Su dolor seguía presente junto a su sonrisa, pero tenía un gozo que por sí solo cambió el ambiente de toda la casa. ¡Jamás había visto nada igual! No lo entendí... Pero diré una cosa: sin importar qué fue exactamente lo que encontró en ese cuarto, me llenó de asombro.

A partir de ese día, cada vez que ocurría algo malo o que algo me molestaba, acudía a mi abuela. Con todo respeto a mis tíos, me di cuenta de que *ella* era la columna vertebral de nuestra familia. Nunca me impuso su fe ni me dijo que tenía que arrepentirme ni me preguntó cómo estaba mi relación con Dios. Ella tan solo oraba por mí, me alentaba y me hablaba de su propia relación con Dios. Yo no entendía muy bien de qué hablaba, pero me gustaba cómo me sentía cuando estaba cerca de ella. Me sentía esperanzado. Me sentía pleno.

Años más tarde, después de haber conocido al Señor por mí mismo, me senté con mi abuela para hablar.

—Abuela, cuando el tío Stan murió, fue muy duro.

—Sí, lo fue —dijo ella—. Fue muy duro.

—¿Puedo hacerte una pregunta? —Cuando me respondió que sí, continué—: Cuatro o cinco días después de la muerte del tío Stan, te metiste en tu cuarto durante mucho tiempo y, cuando saliste, estabas... diferente. Incluso en el funeral, tenías más fuerzas que los demás. ¿Qué sucedió ahí adentro?

Hizo una pausa y sus ojos color castaño claro se empañaron como si dirigiera la mirada hacia aquel día.

—Preston —dijo—, cuando asesinaron a Stan, sentí que me iba a morir. El dolor era insoportable. Apenas podía soportar el peso de caminar. Ni siquiera tenía fuerzas para ser fuerte por mi familia, y nunca me había sentido así. Así que fui a mi cuarto y le dije al Señor: "Señor, o me das las fuerzas para ser fuerte por mi familia, o me llevas a la gloria". Luego oré. Y oré. Y oré. Preston, empecé a sentir la presencia de Dios como nunca antes la había sentido. El Señor me visitó en mi cuarto aquel día, y su presencia fue tan dulce que, en ese instante, entré en el descanso de Dios y de ahí no he salido más desde ese entonces.

¡Vaya! Se me puso la piel de gallina.

—Lo que tenemos que entender, Preston —continuó—, es que los cristianos no sufrimos como sufre el resto del mundo. Antes de entrar en mi cuarto, sufría como lo hacían mis hijos y mi hija, quienes no conocían al Señor. Pero al encontrar su presencia, tuve esperanza. Eso es lo que hace el Señor, Preston. Nos da esperanza.

Ahora lo entiendo. Compartir la fe con nuestra familia o con amigos íntimos no se parece a lo que hacemos con desconocidos en la calle, donde nos metemos a preguntar, debatir y citar las Escrituras. Se parece más a lo de mi abuela. Es vivir la propia fe con coherencia, de tal manera que los demás nos busquen porque ven en nosotros algo que ellos no tienen.

Cuando murió mi tío, mi abuela estaba triste y quebrantada como todos nosotros, pero no estaba triste y quebrantada exactamente de la misma manera. Tenía esperanza porque conocía a un Dios que no puede fallar. Tenía paz porque servía a un Dios que dijo a la tormenta ¡basta!, y el viento y las olas hicieron caso como niños bien criados. Vivía en ella el mismo Dios que decidió partir el mar por la mitad para guiar a Israel a una tierra donde la esclavitud no registrara sus

COMPARTIR LA FE CON NUESTRA FAMILIA O CON AMIGOS ÍNTIMOS ES VIVIR LA PROPIA FE CON COHERENCIA, DE TAL MANERA QUE LOS DEMÁS NOS BUSQUEN PORQUE VEN EN NOSOTROS ALGO QUE ELLOS NO TIENEN.

nombres y la libertad los serenara hacia un cielo despejado. Por eso, ella tenía una esperanza que nosotros no teníamos. Tenía un Dios hacia quien correr, un Dios que sabía exactamente cómo calmar su dolor. Eso era lo que me atraía hacia ella cuando yo también estaba herido. Es lo que nos atraía a todos, aunque no entendiéramos muy bien por qué.

Eso es lo que atraía a la gente hacia Jesús también. Había algo en él que, simplemente, mejoraba todo a su alrededor, algo que podía restaurar a las personas a la plenitud. Por eso la mujer con el flujo de sangre se hizo aguja y perforó un camino entre la muchedumbre para tocar el borde del manto de Jesús. Por eso los amigos de un hombre lisiado perforaron el techo solo para acercarlo a los pies de Jesús. Por eso, dondequiera que iba Jesús, la gente llevaba personas enfermas, discapacitadas, sordas, ciegas y endemoniadas. Todos estaban quebrantados. Todos buscaban la sanidad y sabían dónde podían conseguirla.

Cuando le pregunté a mi abuela qué le había pasado aquel día en su cuarto, hizo literalmente lo que dice 1 Pedro 3:15. Puede que no lo parezca, pero en ese momento actuó de apologeta. No me persiguió para imponer sus creencias. No trató de derribar lo que yo creía ni de presentar un gran argumento a partir de las Escrituras, pero sí me dio una explicación de la esperanza que llevaba en su interior. Pudo hacerlo porque había vivido su fe a voz en cuello delante de mis ojos. Me amaba de verdad y se ponía a mi disposición cuando yo la necesitaba. Además, estaba lista cuando le hice mi pregunta. Ella dejó espacio para que Dios hiciera una obra en mí. ¿No es eso evangelizar? ¿Dejar que Dios use nuestras vidas para impactar las vidas de los demás?

Si usted se pone a disposición de sus amigos y parientes, cuando las cosas se pongan difíciles, ellos no lo verán como un cristiano que busca tirar la primera piedra. Lo verán como una roca donde se pueden apoyar. Aun si no entienden por completo los cambios que ven en usted o su forma de vivir, como pasó con Lil Ron, inevitablemente se sentirán atraídos por la estabilidad, el optimismo y la confianza que usted tiene en el Señor.

A veces Dios puede permitir que alguien pase por un tiempo difícil específicamente para que se acerque a usted. Eso me ha pasado muchas veces en la vida. Aunque mis primos sigan buscando su hogar en la cultura callejera y vivan una vida pecaminosa, al momento de sentir curiosidad por Dios, de atravesar problemas de pareja o recibir un disparo, me llaman a mí. Cuando quedan detenidos, me llaman a mí. Cuando están asustados o no saben qué hacer, me llaman a mí. Cuando van en busca de esperanza, me llaman a mí.

Ahora bien, si yo no hiciera más que imponerles un régimen de alimentación por el cual ni siquiera han desarrollado apetito, *dejarían* de llamarme. Entonces, no les echo en cara las Escrituras, ni me meto en debates acalorados con ellos ni los sermoneo ni los hostigo ni los juzgo. Simplemente les muestro amor. Me esfuerzo por asegurarles que sigo siendo el mismo Preston que jugaba al «din-don» y compartía secretos sobre chicas en el sótano de la casa de la abuela. Hablo con ellos. También oro con ellos. Y cuando me hacen preguntas, les respondo con la misma sinceridad que tenía el viejo Preston, si bien ahora también tengo la verdad y la sabiduría de Dios que ofrecer.

Les he dicho sin pelos en la lengua: «Primo, no creo que Dios desee esta vida para ti. En realidad creo que te está llamando a alejarte de todo esto. Él quiere mucho más para ti. Primo, no importa qué hayas hecho. Dios todavía te ama y quiere que te acerques a él. Con todo, decidas lo que decidas, quiero que sepas que te quiero y que siempre estaré aquí para ti».

De nuevo, esa es la diferencia clave entre evangelizar en la calle y compartir su fe con amigos y familia. Con pocas excepciones, en la calle es una sola vez y se acabó. Quizás solo pueda hablar con alguien durante quince o veinte minutos hasta que se tenga que marchar, aterrice el vuelo o termine el viaje de Uber. Con los amigos y la familia, sin embargo, su historia en común los llama hacia el reencuentro. Usted tiene la oportunidad de invertir en estas personas a lo largo del tiempo, gracias a la historia compartida. No necesita levantarse una mañana y decir: «Creo que hoy voy a intentar llevar a fulanito a Cristo». Solo viva su vida y deje que Dios obre. Muéstreles cómo vive su fe en casa, en el trabajo, con su cónyuge, con sus hijos. Dondequiera que vaya y en todo lo que haga, manifieste lo que es seguir a Jesús.

O, dicho de otro modo, puede discipularlos.

Hemos hablado de la evangelización (compartir su fe con los demás) y de la apologética (defender su fe cuando los demás le hacen preguntas al respecto), pero ¿de qué sirven si no es para hacer discípulos? El objetivo principal —como vimos al comienzo— es la gran comisión: «Jesús se acercó y dijo a sus discípulos: "Se me ha dado toda autoridad en el cielo y en la tierra. Por lo tanto, vayan y hagan discípulos de todas las naciones, bautizándolos en el nombre del Padre y del Hijo y del Espíritu Santo. Enseñen a los nuevos discípulos a obedecer todos los mandatos que les he dado. Y tengan por seguro esto: que estoy con ustedes siempre, hasta el fin de los tiempos"» (Mateo 28:18-20).

El objetivo no es conseguir que alguien crea en el cristianismo y marcharnos, satisfechos de haber ganado con buena labia otra alma para el cielo. El objetivo es hacer discípulos. La palabra *hacer* implica que es un proceso, que lleva tiempo.

Hacer discípulos es una misión para toda la vida. Aunque no estamos llamados a dedicarnos a todos los pasos del proceso, la gran comisión es para todos. Como he dicho antes, no todos estamos llamados a evangelizar a desconocidos de la manera que yo lo hago. No todos estamos llamados a enseñar. El Espíritu Santo le da dones diferentes a cada creyente, pero sí estamos llamados a vivir intencionadamente y, como dice Pablo, a «[sacar] el mayor provecho de cada oportunidad en estos días» que nos toca vivir (Efesios 5:16).

Sé que esto puede sonar abrumador y desafiante para algunos, como si le estuviera pidiendo que dé un paso fuera de sí. Pero ¿de qué otra forma seguiremos a un Dios que dio el paso de dejar su trono eterno y habitó la línea temporal para salvarnos, si nosotros nos negamos a abandonar nuestra propia comodidad para alcanzar a los demás? Casi siempre se parece a lo que mi abuela hizo por mí: manifestar una vida llena de Jesús, estar dispuesta a responder las preguntas de los demás y ser una presencia estable que honra a Dios en la comunidad para que los demás sepan a quién acudir cuando tengan preguntas.

Usted vio suceder esto en mi propia historia cuando conocí a Gary. Ahora permítame hablarle de otra persona que me ha mostrado lo que significa hacer discípulos de manera intencional.

Antes de volverme cristiano, Gary me llevó a un barrio puertorriqueño llamado Little Village para jugar un poco de baloncesto nocturno. Era en un pequeño gimnasio caluroso y húmedo en el último piso de un viejo templo; el organizador era un hombre llamado Carlos, evangelista callejero allí. Le aseguro que era un barrio duro, con un montón de pandillas y mucha violencia. Por eso Carlos empezó a abrir el gimnasio tarde por la noche. Intentaba ofrecer un refugio seguro para alejar a los jóvenes de las calles.

Gary y yo empezamos a lanzar al aro con un grupo de muchachos negros y puertorriqueños, y entró un hombre blanco con una camisa abotonada y unos pantalones estilo cargo. No era lo que yo llamaría un hombre grandote, pero ¡vaya!, era como si no conociera el temor. Daba la impresión de pertenecer ahí.

Me incliné hacia Gary y le susurré:

—¿Quién es ese blanco?

—Es Brian Dye —dijo Gary, riéndose—. Es una leyenda por esta zona. Lo llamamos "el misionero urbano". Creció aquí, en Little Village, y después de la universidad, sintió que Dios lo llamaba a volver a su barrio para fundar unas cuantas iglesias caseras.

Me quedé mirándolo a Gary como si me estuviera mintiendo. No recordaba haber visto a un blanco en este barrio a menos que llevara placa policial.

—Oye, P., te digo en serio, cuando Brian se instaló en el lado oeste de su barrio, todas las semanas alguien era asesinado en su calle. Pero él dedicó su vida a orar por esa gente, y, ¡hombre!, desde entonces jamás han visto otro asesinato. —No bien se vieron Gary y Brian, este mostró una enorme sonrisa y se acercó. Después de darse un buen abrazo, Gary dio un paso atrás y nos presentó.

—Estaba contándole a Preston un poco de tu historia de origen —dijo, sonriendo.

—Sí, amigo —dije—. Total respeto. No debe ser fácil ser el hombre blanco del barrio. —Me arrepentí no bien salieron las palabras, pero Brian se limitó a asentir y sonreír.

—Sí... En la misma semana que me mudé, algunos de los muchachos de la cuadra dispararon contra mi casa. Destrozaron por completo la ventana del dormitorio. Una de las balas apenas esquivó a mi esposa. —Se rio un instante y continuó—: Por lo visto, no les hacía mucha gracia que viniera un blanco. Pensaban que trabajaba para la policía.

Hablamos un poco más, y me fui con la impresión de que era genial, aunque también medio loco.

Ahora saltemos adelante un año y medio. Para entonces, yo trabajaba con RadioShack haciendo espectáculos de poesía hablada en iglesias por toda la ciudad. Algunos de mis vídeos se habían hecho virales en YouTube, así que empezaba a hacerme un nombre. En fin, después de terminar un acto, salí al vestíbulo de la iglesia y allí estaba Brian. No lo había visto desde aquella noche en Little Village. Se acercó a mí, me tendió la mano y volvió a presentarse.

—Sí, hermano. —Le di la mano—. Claro que me acuerdo de ti. Me alegro de volver a verte.

Entonces, de la nada, dijo:

—Solo quería preguntarte... ¿Tienes a alguien que camine contigo?

—¿Que camine conmigo? ¿Quieres decir para volver a casa? —Pues, era agradable que se ofreciera, pero de los dos, yo tenía menos probabilidades de ser hostigado en este barrio.

—No, amigo —se rio—. Me refiero a un tutor, alguien que te discipule.

Al instante, me volví sospechoso. *Está intentando echarme el lazo por el éxito que está empezando a tener mi poesía.*

Entonces le dije:

—Pues... Gracias, hermano, pero estoy bien. Tengo gente en mi vida. Solo hago mis cosas por el Señor, ¿sabes?

No se rindió. Por alguna razón, siguió insistiendo. Empezó a aparecer en mis presentaciones y me decía cosas como: «Dios te está poniendo en mi corazón, hermano. Estás empezando a tener un gran impacto en la comunidad y creo que te vendría bien que alguien te guíe».

Al final, le di mi número, con todas las intenciones de ignorar sus llamadas o mensajes. Solo quería sacármelo de encima.

Durante los próximos dos meses, me enviaba mensajes como: «Dios ha vuelto a ponerte en mi corazón esta mañana. ¿Cómo estás?». Yo nunca respondía.

Luego, empecé a oír de otras personas: «Brian me ha dicho que no respondes a ninguno de sus mensajes».

¿Qué le pasa?, pensé. *¿Ahora tiene a otras personas vigilándome?*

Así que llamé a una amiga (la que hoy es mi esposa), Jackie.

—Oye —le dije—, hay un hombre blanco que no deja de seguirme. Trata de discipularme. No confío en él, ¿sabes? Es extraño.

—Sí, yo tampoco me fiaría.

Eso fue lo que dijo en un principio, pero a medida que pasaban las semanas y Brian seguía tratando de acercarse, ella empezó a cambiar de opinión.

—¿Sabes qué, Preston? —dijo—. Tal vez el Señor no quiere que definas por ti mismo cómo debe ser tu discipulado. Este hombre ha sido bastante insistente. Tal vez no deberías rechazar su oferta de tutoría y discipulado solo porque no viene en el paquete que tú esperas.

¡No! No podía negar que sus palabras eran sabias y sólidas. Gracias a Dios que me casé con ella más tarde.

Así que llamé a Brian.

—¿Qué pasa, hermano? —dije—. Escucha, sé que te he estado esquivando. Voy a ser sincero contigo. No confío en ti.

—¿Puedo preguntar por qué? —dijo.

—Bueno, en primer lugar, nunca he tenido a un hombre blanco siguiéndome el rastro en mis presentaciones. En realidad, ahora que lo pienso, eres el único blanco que las viene a ver. Además, no sé cuáles son tus intenciones.

—Pues, es bueno que seas honesto. —Se echó a reír—. Para mí, esa es una de las cosas que te hacen especial. Con mucho gusto, te diré mis intenciones. Primero, no busco aprovecharme de tu plataforma ni de tu popularidad. En realidad no me importan. Es que te tengo en muy alta estima, Preston. Creo que tienes una gran voz. Creo que Dios está preparando un llamado especial para tu vida. También creo que estás encaminado a convertirte en un gran líder. Pero, una y otra vez, he visto líderes que se hundieron porque no tenían personas para decirles la verdad y mantenerlos en el buen camino. Yo me acerco a mis cuarenta años y todavía tengo a alguien que camina conmigo y me discipula. Además, creo que lo que Dios me ha enseñado a lo largo de los años me ayudaría a ayudarte... a ser el mejor siervo y hombre de Dios que puedas ser.

Al instante, me sentí culpable por haber evadido a Brian durante tanto tiempo. Jamás me había hablado nadie así, mucho menos un pastor.

En resumidas cuentas, decidí darle una oportunidad, y le aseguro que en realidad fue lo que yo necesitaba.

—Quiero que vengas a mi casa —me dijo—. Quiero que veas cómo vivo. Quiero que veas cómo trato a mi esposa. Quiero que veas cómo trabajo, cómo interactúo con los demás en la iglesia y en la comunidad. Así es el discipulado "vida a vida", Preston —explicó—, no se trata solo de reunirnos en Starbucks una vez a la semana para repasar un montón de textos de las Escrituras. Es literalmente vivir la vida uno a la par del otro.

Por cierto, lo que Brian hizo conmigo fue exactamente lo que Jesús hacía con los apóstoles. Los invitó a estar en su vida para que pudieran aprender por experiencia propia a ser más parecidos a él. Cuando dos de los discípulos de Juan vieron pasar a Jesús, comenzaron a seguirlo. Jesús lo notó, los miró y preguntó:

—¿Qué quieren? (Juan 1:38).

Ellos contestaron:

—¿Dónde te hospedas?

No le preguntaban dónde se hospedaba porque quisieran ver cómo era su casa. Más bien, decían:

—Jesús, muéstranos cómo vives, para enseñarnos.

Verá usted que no dijeron:

—Jesús, ¿cuándo será la próxima vez que prediques ante una multitud o enseñes en la sinagoga?

¿No es así como muchos de nosotros buscamos aprender hoy en día? Seguimos a nuestros maestros y predicadores favoritos a conferencias y eventos cristianos en todo el mundo, en lugar de buscar hombres y mujeres fieles de quienes podamos aprender de cerca. No se equivoque: yo no veo ningún problema en ir a conferencias y eventos cristianos (de hecho, doy charlas en esos lugares todo el tiempo) y Jesús también le habló a grandes multitudes. Aun así, eso no fue lo único que hizo. Sobre todo, vertía en unos doce discípulos, y ellos vertían en otros. No todos estamos llamados a ser maestros y predicadores públicos, pero todos estamos llamados a cumplir la gran comisión así. Así es como haremos discípulos de todas las naciones. Esto es lo que la presencia de Brian logró en mi vida.

Aunque Gary me enseñó lo que era ser un cristiano, fue Brian quien me enseñó lo que era ser un cristiano maduro. Me enseñó a ser un esposo cristiano, un hermano cristiano y un líder cristiano.

Mi evangelización floreció bajo su liderazgo porque él reconoció mis dones y me ayudó a cultivarlos. Ni siquiera hubiera descubierto que era un evangelista si no hubiera sido por Brian.

Brian transformó mi concepto del discipulado. Más que eso, Brian transformó mi *vida* entera. De hecho, el discipulado es la cara de la evangelización a nivel personal. No se trata solo de arrojar pasajes bíblicos o, como dijo Brian, hacer una hora de estudio bíblico por semana en Starbucks. Esas cosas no son malas, pero si en verdad queremos que la gente vea la esperanza que llevamos dentro de nosotros, no existe mejor estrategia que pasar tiempo con ellos y dejarles ver cómo se manifiesta esa esperanza en cada faceta de nuestras vidas.

Dios no nos creó para vivir aislados. Nos creó para vivir en comunidad unos con otros. Quiere que nos desafiemos y fortalezcamos unos a otros, «como el hierro se afila con hierro» (Proverbios 27:17). Aceptar a Cristo como Señor y Salvador es solo el primer paso. ¿Aprender a vivir como Cristo a tal punto que naturalmente atraigamos a otros como polillas a la luz? Para eso se necesita tiempo. Para eso se necesita discipulado. En mi caso, requirió un sujeto blanco con el llamado de ayudar a hombres jóvenes cristianos en el desarrollo de todo su potencial y con la disposición a abrir su casa y su vida a uno de ellos para invertir en él a largo plazo.

Con respecto a Brian, yo no era el único. Cuando cumplió

cuarenta, Heidi, la esposa de Brian, le organizó una fiesta sorpresa. Unas doscientas personas se presentaron. En un momento, Heidi subió al escenario y dijo: «Si alguna vez, en los últimos quince años, has sido discipulado o guiado por Brian Dye, ponte de pie». Se levantaron unos setenta y cinco jóvenes, de edades que iban entre los trece y los treinta y cinco.

¡Vaya! De eso se trata compartir la esperanza que tenemos.

No todos seremos como Brian Dye ni llegaremos a discipular activamente a setenta y cinco personas.

Aun así, el caso es que todos necesitamos personas como él que caminen por la vida con nosotros y nos ayuden a cultivar nuestros dones. En 2 Timoteo, Pablo escribe a su aprendiz en la fe: «Tú, Timoteo, sabes muy bien lo que yo enseño y cómo vivo y cuál es el propósito de mi vida. También conoces mi fe, mi paciencia, mi amor y mi constancia. Sabes cuánta persecución y sufrimiento he soportado [...]. Pero tú debes permanecer fiel a las cosas que se te han enseñado. Sabes que son verdad, porque sabes que puedes confiar en quienes te las enseñaron» (2 Timoteo 3:10-11, 14).

Luego continúa diciendo: «En presencia de Dios y de Cristo Jesús —quien un día juzgará a los vivos y a los muertos cuando venga para establecer su reino— te pido encarecidamente: predica la Palabra de Dios. Mantente preparado, sea o no el tiempo oportuno. Corrige, reprende y anima a tu gente con paciencia y buena enseñanza. [...] Pero tú debes mantener la mente clara en toda situación. No tengas miedo de sufrir por el Señor. Ocúpate en decirles a otros la Buena Noticia y lleva a cabo todo el ministerio que Dios te dio» (2 Timoteo 4:1-2, 5).

En otras palabras, Pablo le dice a Timoteo: «Oye, amigo, has visto cómo vivo, y cuánto me ha costado muchas veces. Pues, ahora es tu turno. ¡Ve! y enseña a los demás lo que has aprendido de mí. Ah... Y, por cierto, hazlo con paciencia y respeto».

Palabra de honor, veo aquí una imagen casi perfecta de lo que debe ser la evangelización: crecer continuamente y ayudar a otros a crecer en la fe, día tras día.

Eso es lo que hacía Gary. Me dejaba acompañarlo a todas partes. Cuando vivía su vida. Cuando iba al banco. Cuando hablaba con alguien. Cuando se arrepentía de su pecado. Esto fue lo que terminó haciéndome ver la clase de relación con Cristo que yo quería. Gary vivía su vida cristiana a voz en cuello y me dejaba integrarme en ella.

Brian también. Yo tenía dones de evangelización, pero me convertí en un apologeta y evangelista aún más eficaz cuando Brian entró en mi vida y me discipuló.

En fin, sí... Acercarse a desconocidos en la calle e invitarlos a una conversación sobre su fe puede ser difícil. Esa es una manera de evangelizar que encaja con mis dones y mi llamado.

Vivir la vida de tal manera que los demás empiecen a acercarse para averiguar qué tenemos nosotros que ellos no tienen... Ese es un llamado para todos.

¿Invitarlos a nuestras vidas, dejarlos acercarse para ver y experimentar ellos mismos la esperanza que tenemos, y luego ayudarlos a hacer lo mismo? Hermano, ¡eso sí que es una apologética imperturbable! Esa es la mejor manera de decir la verdad que uno pueda imaginar.

¿Aún cree que no puede hacerlo? Quédese un rato más conmigo.

7

NO SE DÉ POR VENCIDO

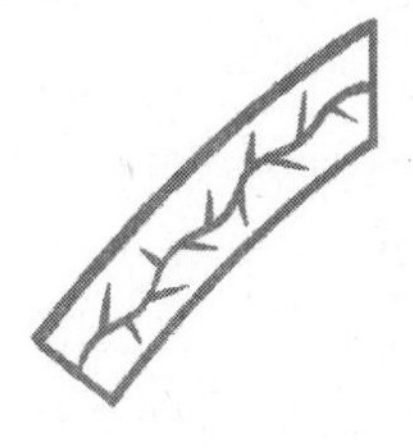

Uno de los mensajes centrales de este libro es que yo creo que complicamos demasiado la evangelización. Compartir nuestra fe no solo consiste en debatir con personas de otras creencias sobre nuestros desacuerdos en cuanto a la doctrina o a las Escrituras. A veces es así, y debemos tratar de estar preparados. Pero en todo momento, la idea es reflejar el amor de Cristo a quienes están más cerca, alcanzar a aquellos que sufren, compartir nuestro testimonio personal y vivir nuestras vidas intencionadamente como testigos de quién es Jesús.

Mi objetivo en este capítulo es animarlo a compartir su fe. Mostraré que la evangelización no tiene que ser igual para todos, que los miedos que tiene no son más que un solo aspecto del asunto y que, a fin de cuentas, Dios está a cargo de los resultados de nuestra evangelización.

No todo el mundo está llamado a compartir su fe como yo. Es verdad que cuando me subo a un Uber, automáticamente miro alrededor para ver si mi conductor tiene algo colgando del retrovisor que indique su pertenencia a otra religión, sobre la cual le pueda hacer preguntas. Así es mi personalidad. Soy extrovertido y me gusta iniciar conversaciones con la gente.

En cambio, cuando Jackie, mi esposa, sube a un Uber, se pone los auriculares y se duerme enseguida. Es más introvertida, ¡y está bien!, es su personalidad. A pesar de eso, no lo dude: ella también es muy buena compartiendo su fe. Lo hace de otra manera. Quizás Jackie no sea de acercarse a alguien en la calle para iniciar una conversación, pero cuando entra en confianza con alguien, le aseguro que Dios utiliza a esa mujer de maneras asombrosas. Desafía a la gente en su fe. Edifica a las personas y discipula a mujeres jóvenes y madres. Aunque no se sienta cómoda en tantas situaciones como yo, ella ora para que Dios la utilice. Dios sí la utiliza con mucha frecuencia. Dios nos utiliza de formas diferentes porque nos creó diferentes.

Lo que quiero decir es que la evangelización es diferente para cada persona. Además, Dios también utiliza a las personas de manera diferente.

Le daré un ejemplo. Hace unos años, viajamos de Virginia a Atlanta y mientras caminábamos por el aeropuerto, vi a unos testigos de Jehová que repartían folletos. Obviamente, le dije a Jackie:

—Cielo, tenemos cuarenta y cinco minutos hasta que salga nuestro vuelo y nuestra puerta de embarque está aquí nomás, así que voy a hablar con ellos.

—Está bien —dijo ella—. Yo iré a buscar comida. ¡Tranquilo!

Jackie siguió su camino y yo el mío. Cuando terminé de hablar con los testigos de Jehová, me dirigí a la zona de restaurantes junto a nuestra puerta. Me sorprendió ver a Jackie con la cabeza inclinada, orando con la camarera.

Cuando terminaron de orar, me presenté a la camarera y le pregunté si interrumpía algo.

—No, todo bien —dijo Jackie—. Solo vine por algo de comida para nosotros, y cuando pedí para dos, me preguntó para quién más estaba pidiendo comida. Le dije que era para mi esposo. Me preguntó dónde estabas y le contesté: "Está por ahí, hablando con unos testigos de Jehová".

Resultó que la camarera se había criado entre los testigos de Jehová y que su familia le llenó tanto la cabeza que la alejó de la fe. Entonces Jackie comenzó a hablar con la mujer y, a los minutos, ya estaba orando con ella.

—Sentí que Dios me decía que compartiera el evangelio con ella, entonces lo hice —me dijo Jackie más tarde.

Mi punto es que, aunque Jackie no se sienta tan cómoda como yo con desconocidos o no busque activamente interactuar con la gente como lo hago yo, sí le pide a Dios que le dé oportunidades para hablar en su nombre y, cuando esas oportunidades se le presentan, está preparada. No las rehúye. ¿Y sabe qué? Esa disposición, esa apertura a hacer la voluntad de Dios, esa voluntad de salir de su zona de confort para impartir la verdad y la vida a un prójimo también creado a la imagen de Dios... Eso, más que nada, es lo que necesitamos para tener éxito a la hora de compartir nuestra fe.

Ya sé lo que está pensando. *Oye, Preston, es fácil para ti decirlo. Básicamente te ganas la vida hablando con la gente y, pues, vives y respiras por estas conversaciones. Yo no soy así.* Lo comprendo. Pero créame, a pesar de lo extrovertido que soy, también he tenido muchas experiencias en las que, volviendo a casa de una conferencia después de hablar con gente durante dos días seguidos, me he desplomado en el asiento trasero del Uber. A veces, la conversación ha sido así:

—Pues, ¿de dónde estás viniendo?

—Estaba trabajando.

—¿A qué te dedicas?

—Soy orador.

—¿De qué cosas hablas?

O sea que el conductor, literalmente, me abre la puerta de par en par para que comparta mi fe, aunque a veces no tengo ganas de atravesarla. O cuando estoy en una fiesta o cenando en un grupo, y veo una apertura, pero pienso: *¿En serio? Estoy en una fiesta. ¿De verdad quiero meterme en eso ahora?*

Por muy tentado que esté a dejar pasar el momento, me esfuerzo por aprovecharlo porque esto es lo que Dios me ha llamado a hacer.

Todos los creyentes tenemos la responsabilidad de compartir nuestra fe. La gran comisión no era solo para los apóstoles. Es para todos nosotros. Fuimos llamados a ser sal y luz en el

> LA GRAN COMISIÓN NO ERA SOLO PARA LOS APÓSTOLES. ES PARA TODOS NOSOTROS.

mundo, tanto de palabra como de obra. Pues, ¡mire a su alrededor! Vivimos en un mundo lleno de gente que no conoce a Dios. Aunque no siempre tengamos ganas de compartir nuestra fe, esa no es una excusa para desobedecer. En muchos aspectos, compartir nuestra fe *sí es* un ejercicio de obediencia. Se trata de comprometernos intencionadamente con el mundo que nos rodea.

Una vez, estaba con mis amigos LB y Nico en un restaurante y la camarera que nos atendía parecía estar muy agotada. LB lo mencionó cuando ella nos trajo la comida.

—Parece estar muy cansada —dijo.

—Sí... Estoy enfrentando muchas cosas en este momento —mencionó.

—¿Puedo preguntar qué cosas está enfrentando? —dijo Nico.

—Solo son complicaciones con mi hijo —dijo ella.

—¿Está enfermo? —pregunté yo.

Y entonces soltó todo lo que llevaba adentro.

—No. Hace como una semana y media, llevó un arma al colegio. Era de un amigo y resulta que estaba cargada, así que quedó detenido y ahora está en un centro penitenciario juvenil. —Para entonces, sus ojos ya se cargaban a rebosar.

—¿Cuántos años tiene su hijo? —preguntó LB.

—Tiene catorce. No es malo. Esta es la primera vez que se mete en problemas serios. Estoy trabajando horas extras para poder pagar sus abogados. La verdad es que no sé qué hacer.

Se notaba que la camarera estaba desbordada. Le conté que yo solía meterme en muchos problemas con la ley cuando tenía la edad de su hijo, y le aseguré que todo saldría bien.

—¿Está bien que oremos por usted? —pregunté entonces.

Dijo que sí, así que oramos por ella en el momento, allí mismo.

—¿Son cristianos? —nos preguntó al terminar. Le dijimos que sí, y luego cada uno de nosotros se turnó para compartir nuestro testimonio. Hablamos con ella apenas unos diez minutos, pero creo que le hizo mucho bien al corazón: no solo desahogarse, sino también oír cómo tres sujetos del barrio, ninguno de los cuales tenía un bonito pasado ante la ley, dieron vuelta sus vidas después de aceptar a Cristo como Señor y Salvador.

Antes de irnos, nos preguntó a qué iglesia íbamos. Le respondimos y me dio la impresión de que en cuanto su hijo saliera del penitenciario, ella lo llevaría ahí.

Ahora bien, no fuimos a ese restaurante con el objetivo de compartir nuestra fe. Estábamos ahí, sentados tranquilos, y la oportunidad se presentó sola. Sucedió porque estábamos conscientes de nuestra fe y del llamado a amarnos los unos a los otros. Vimos que nuestra camarera pasaba por algo y, en lugar de tratar su dolor como algo invisible, la ayudamos a cargar con sus problemas. No deberían faltar caballeros donde hay hombres que sirven al Dios que venció a la muerte. ¿No es la empatía ese rasgo propio de Cristo que nos hace asumir las luchas de los demás?

De eso se trata la gran comisión. Cuando Jesús ordenó a sus seguidores «vayan y hagan discípulos de todas las naciones»

(Mateo 28:19), no les decía que fueran a un lugar específico. Solo dijo: «Vayan», como diciendo: «Cuando vayan por sus vidas diarias y se encuentren con personas perdidas y heridas que necesitan escuchar mi mensaje de salvación, dénselo».

Fuimos creados para vivir en comunidad unos con otros, y Jesús nos mandó a estar siempre atentos a las oportunidades de compartir nuestra fe. Pablo dice que somos «embajadores de Cristo» (2 Corintios 5:20), y para cumplir ese llamado debemos salir del templo y acercarnos a nuestro entorno laboral, a nuestra comunidad y a todo lugar que vayamos.

Si comparte un viaje en coche escuchando música cristiana y su pasajero le pregunta: «¿Por qué escuchas eso?», es una oportunidad para compartir su fe.

Si un amigo o compañero de trabajo comienza a contarle sobre un momento difícil que está atravesando, esa es una oportunidad para compartir su fe.

Si lleva una cruz colgando del cuello y alguien la admira, es una oportunidad para compartir su fe. Por eso creé la línea de vestimentas Bold Apparel. Quería crear oportunidades naturales para que la gente iniciara conversaciones sobre su fe. Cuando la gente ve una sudadera o una camiseta que dice «Jesús & Terapia», siente curiosidad. Si el Espíritu Santo está obrando en ellos, puede ser que pregunten: «¿Qué significa tu camiseta?».

Dios nos brinda todo el tiempo oportunidades para compartir o hablar de nuestra fe con los demás. Lo que hagamos con ellas depende de nosotros.

Pablo dijo a la iglesia de Galacia: «Así que no nos cansemos de hacer el bien. A su debido tiempo, cosecharemos numerosas bendiciones si no nos damos por vencidos» (Gálatas 6:9). Esa es mi meta: animarlo a no darse por vencido. Porque decir la verdad del evangelio a otros *es* «hacer el bien», y yo creo que nosotros también «cosecharemos [...] si no nos damos por vencidos», aunque la cosecha no siempre sea la que esperamos.

Creo que muchas veces nos excluimos de compartir nuestra fe por miedo a ofender a alguien o a equivocarnos y decir una tontería. ¿Sabe qué? Está *garantizado* que ofenderemos a alguien. Jesús nos advirtió eso. Dijo: «Si el mundo los odia, recuerden que a mí me odió primero. Si pertenecieran al mundo, el mundo los amaría como a uno de los suyos, pero ustedes ya no forman parte del mundo. Yo los elegí para que salieran del mundo, por eso el mundo los odia» (Juan 15:18-19). También nos dice, sin embargo, que «Dios los bendice a ustedes cuando la gente les hace burla y los persigue y miente acerca de ustedes y dice toda clase de cosas malas en su contra porque son mis seguidores. ¡Alégrense! ¡Estén contentos, porque les espera una gran recompensa en el cielo!» (Mateo 5:11-12).

Sí, es posible que digamos o hagamos algo equivocado. Somos humanos imperfectos. Recuerde, sin embargo, que quien convence al corazón es el Espíritu Santo, no nuestras palabras. Eso no quiere decir que no debamos tener cuidado con lo que decimos, o que está bien ser ignorantes o insensibles o lanzar la cautela al viento y decir lo que nos dé la gana. Dios quiere que manifestemos un buen carácter, que respetemos y honremos a los demás y presentemos su mensaje con claridad. Incluso si decimos algo equivocado, Dios puede utilizarlo.

Solo vea cuánto metí la pata en mis primeras interacciones con John. Aun así, Dios utilizó esas conversaciones para ayudarme a aprender la forma correcta de defender mi fe. ¿Y si algo de lo que le dije a John —incluso en aquellas primeras discusiones acaloradas— le dio una sacudida en el espíritu o lo desafió a reconsiderar en algo sus creencias?

Como todo buen padre, Dios quiere que tengamos éxito. Si le pedimos ayuda, nos la dará. De eso puedo dar fe. No se imagina cuántas veces he estado en medio de un debate, me han lanzado una pregunta que no podía responder, he pedido ayuda a Dios y, de repente, me ha llegado a la mente una respuesta, casi de la nada. Dios es fiel, y cuando dejamos que nuestra dependencia de él se manifieste, él la honra. Cuando se da cuenta de que Dios está con usted... ¡vaya!, nada queda fuera de su alcance.

Juan 15:5 dice: «Ciertamente, yo soy la vid; ustedes son las ramas. Los que permanecen en mí y yo en ellos producirán mucho fruto porque, separados de mí, no pueden hacer nada». Lo creo de verdad. Cuanto más me mantengo cerca del Señor y permanezco conectado a él, más dispuesto estoy a servir a la gente cuando se presenta la oportunidad. Por el contrario, cuando experimento alguna desconexión con el Señor, casi siempre veo surgir una desconexión con las personas con quienes hablo. Sin darle más vueltas, las cosas funcionan así. Entonces, manténgase cerca del Señor, estudiando su Palabra y orando.

VAMOS A COMETER ERRORES, PERO LA BUENA NOTICIA ES QUE SERVIMOS A UN DIOS SOBERANO QUE SE DESTACA EN EL USO DE PERSONAS IMPERFECTAS PARA HACER SU VOLUNTAD.

Sí, vamos a cometer errores, pero la buena noticia es que servimos a un Dios soberano que se destaca en el uso de personas imperfectas para hacer su voluntad. La Biblia está llena de ejemplos de cómo Dios utiliza mensajeros imperfectos para comunicar su mensaje. A Moisés le costaba hablar. Jeremías era demasiado joven. Jonás intentó escaparse. Los discípulos de Jesús eran pescadores y comerciantes, no eran de la elite religiosa. Pedro literalmente negó a Cristo tres veces, pero Dios aun así lo utilizó para ayudar a construir su iglesia. Cuando Pablo estaba en prisión, escribió sobre otros que predicaban «con ambición egoísta». ¿Y su respuesta? «Eso no importa; sean falsas o genuinas sus intenciones, el mensaje acerca de Cristo se predica de todas maneras, de modo que me gozo» (Filipenses 1:18). Si Dios puede utilizar aun a quienes lo desobedecen a propósito, entonces puede utilizar nuestros mejores esfuerzos.

Dios puede utilizar cualquier cosa. A mi parecer, nuestras mentes son incapaces de comprender toda la obra que Dios está haciendo tras bastidores. No nos pide que seamos perfectos. Simplemente nos pide que seamos fieles. Él se encarga del resto.

Otra razón por la que algunos nos retraemos de compartir nuestra fe es el miedo al fracaso. Pensamos que, si no alcanzamos el punto de la conversión con alguien, hemos fracasado. Permítame corregir ese pensamiento erróneo sin demoras. Nuestra responsabilidad no es convertir a nadie.

El autor de Hebreos llama a Jesús «el campeón que inicia y perfecciona [o *consuma*] nuestra fe» (Hebreos 12:2). Nosotros no completamos la obra. Ni siquiera hacemos la obra *inicial*. El Dios trino llama a las personas hacia sí mismo y Dios es también el consumador que entra después de nosotros y lleva todo hasta su cumplimiento, haciéndolo perfecto, algo así como en una cadena de producción. Nada está completo hasta que no pasa por todo el sistema. ¿Usted y yo? Solo somos un paso en el proceso, pero Dios está en control de todo el proceso.

El esfuerzo de Dios por alcanzar nuestras almas suele ser una cocción lenta y no el resultado de una sola y determinante acción o persona. Él utiliza a las personas para ablandar y preparar nuestro corazón para recibirlo. Dentro de cinco años, usted podría formar parte del testimonio de una persona. Alguien podría decir: «Pues, todo empezó cuando una mujer me compartió el evangelio en una fiesta» o «Un día escuché a dos hombres debatiendo un pasaje de las Escrituras en el comedor y eso me hizo pensar». ¿Usted y yo? No somos Dios. Solo somos sus embajadores, compartiendo su Buena Noticia y, eso espero, poniendo a la gente en el camino que los llevará hacia él.

Esto nos debería dar aliento. Nos ponemos demasiada presión al compartir el evangelio con otros. Yo creo que la iglesia nos ha condicionado a esperar resultados inmediatos. Nos hemos acostumbrado a la cultura de llamadas y respuestas: la invitación al altar, seguida por un recuento de las almas que aceptan a Jesús cada domingo. Esto no siempre es malo. Creo que, en cierto sentido, nuestra expectativa de un cambio inmediato es testimonio de la fe que hemos recibido: que «todo el que pertenece a Cristo se ha convertido en una persona nueva. La vida antigua ha pasado; ¡una nueva vida ha comenzado!» (2 Corintios 5:17). El cambio de lo que éramos a lo que somos es tan radical que suponemos que debió ser repentino. Cuando se presenta el evangelio, esperamos que Dios se mueva *ya mismo*.

Cuando vamos y hacemos «discípulos de todas las naciones» es posible que sintamos fracaso, a menos que comprendamos que Dios se mueve de más maneras de las que estamos acostumbrados a ver.

Por eso algunos se retraen al momento de evangelizar. No quieren que la gente rechace sus esfuerzos. No quieren sentir que fracasaron. Pero ¿qué es el fracaso, si obramos en nombre del Dios que creó el universo? La gente no nos rechaza a *nosotros*: rechaza al Dios a quien servimos.

SI CONSIDERAMOS NUESTRAS PROPIAS HISTORIAS DE CÓMO LLEGAMOS A CREER EN CRISTO, VEREMOS QUE POR LO GENERAL HUBO MÁS DE COCCIÓN LENTA DE LO QUE PENSÁBAMOS.

Es más, lo que parece un fracaso no siempre lo es. Aún más, si consideramos nuestras propias historias de cómo llegamos a creer en Cristo, veremos que, por lo general, hubo más de cocción lenta de lo que pensábamos. ¿Recuerda la primera vez que escuché el evangelio en la iglesia en casa de mi novia? El pastor que dio el evangelio aquel domingo se enteraba más tarde de las peleas en las que me metía en el barrio y me decía: «Me has oído predicar muchos domingos sobre aquel que murió por ti, ¡pero todavía no eliges a Jesús! ¡Sigues insistiendo en llevar un estilo de vida que te destruirá!». Lo que él no sabía es que

Dios sí lo utilizó para cambiar mi vida la primera vez que lo escuché. No dejé de pecar contra Dios, pero tomé conciencia de mis pecados de un modo que me dejó sin excusas. Ese día, Dios utilizó a ese pastor para plantar una semilla en mi vida que otros regarían más tarde. Dios me fue llamando hacia sí durante años. Utilizó a un pastor del vecindario para convencerme de mi pecado, utilizó la muerte de mi amigo Chris para despertarme a mi necesidad de hacer cambios y utilizó la influencia de mi abuela y de mi tía Denise, así como la vida y el testimonio de Gary, para mostrarme que Jesús era la respuesta que estaba buscando. Fue la combinación, el proceso de Dios de utilizarlo todo en conjunto, lo que me hizo entregarle mi vida. Llevó tiempo.

La iglesia de Corinto tenía un problema similar de no ver cómo obraba Dios entre ellos. Se quedaban atascados en darle más honra a un líder que a otro, así que Pablo puso las cosas en orden. Escribió: «¿Quién es Apolos? [Apolos era uno de los otros líderes], ¿quién es Pablo?

Nosotros solo somos siervos de Dios mediante los cuales ustedes creyeron la Buena Noticia. Cada uno de nosotros hizo la obra que el Señor nos encargó. Yo planté la semilla en sus corazones, y Apolos la regó, pero fue Dios quien la hizo crecer» (1 Corintios 3:5-6).

No se desanime si no ve el crecimiento. Dios obra a su debido tiempo, y no siempre veremos el fruto de nuestro trabajo. Él solo nos llama a ser fieles en cumplir nuestra parte.

Dicho esto, también necesitamos reconocer que algunas personas nunca aceptarán a Cristo.

Hay dos tipos de personas que nunca faltarán cuando usted comparta su fe: aquellas que no conocen a Dios pero tienen su corazón abierto y aquellas que no conocen a Dios pero mantienen su corazón cerrado. ¿Cómo puede distinguir esa diferencia? Volvamos a la historia del ciego en Juan 9 (la que vimos en el capítulo 5).

Si se acuerda, Jesús sana dos veces al ciego de nacimiento: le devuelve primero la vista física y luego la vista espiritual. Ahora bien, después de que Jesús le devuelve la vista, quienes conocían al ciego de nacimiento le preguntan quién lo ha sanado. Él responde: «El hombre al que llaman Jesús hizo lodo, me lo untó en los ojos y me dijo: "Ve al estanque de Siloé y lávate". Entonces fui, me lavé, ¡y ahora puedo ver!» (Juan 9:11).

Estas personas lo llevan ante los fariseos, quienes también le preguntan quién le ha devuelto la vista. El ciego les dice que fue Jesús, «un profeta» (Juan 9:17). Los fariseos todavía se muestran suspicaces y no están dispuestos a creer que Jesús pudo haber sanado al hombre, así que interrogan a sus padres para confirmar que en realidad nació ciego. No olvide que el hombre lleva años mendigando, por lo cual el hecho de que los fariseos sientan la necesidad de verificar su historia nos muestra cuán endurecidos tienen su corazón contra Jesús.

Cuando los padres confirman que sí, su hijo nació ciego, los fariseos vuelven a llamar al hombre y le dicen: «Es Dios quien debería recibir la gloria [...]. ¿Pero qué fue lo que hizo? [...]. ¿Cómo te sanó?».

El hombre responde: «Ya les dije una vez. ¿Acaso no me escucharon? ¿Para qué quieren oírlo de nuevo?» (Juan 9:24, 26-27).

Pues, el hombre tiene razón. ¿Cuántas veces van a oír la verdad sin tomar la decisión de creerla? Es que los fariseos no están dispuestos a creer que Jesús es el Mesías. ¿Por qué? Porque sanó milagrosamente a un hombre de su aflicción permanente y devastadora en el día sábado y ¡solo un pecador se atrevería a transformar la vida de alguien en un día sábado!

¡Vaya! Necesito un segundo para calmarme.

Listo...

Entonces, el hombre que nació ciego les grita a los fariseos, diciéndoles, básicamente: «Oigan... ustedes crean lo que quieran, pero yo no podía ver y ahora sí puedo. La única explicación de lo sucedido es que Jesús es de Dios, porque Dios no escucha al pecador y, sin la ayuda de Dios, no me podría haber sanado» (ver Juan 9:31-33).

¿Cómo responden a esto los fariseos? Echan al pobre de la sinagoga.

Es entonces que Jesús vuelve a la escena. Por cierto, me encanta esta parte de la historia. Me encanta que Jesús vuelva por el rechazado. Este hombre ha mendigado fuera de la sinagoga durante gran parte de su vida, al margen de la sociedad, pero no experimenta el rechazo total hasta cuando da testimonio de que Jesús es quien lo ha sanado. Entonces Jesús regresa. Jesús vuelve por las personas dolidas, abandonadas, heridas.

«¿Crees en el Hijo del Hombre?», le pregunta Jesús.

Ahora, recuerde que el hombre no había llegado a ver a Jesús anteriormente, así que pregunta: «¿Quién es, señor? [...]. Quiero creer en él» (Juan 9:35-36).

En cuanto Jesús le dice: «Pues, resulta que soy yo», el hombre cae a los pies de Jesús y lo adora. Al devolverle la vista física, Jesús abrió también los ojos espirituales del hombre para que pudiera recibir la verdad de que él es el Mesías. Tenía un corazón receptivo. Estaba listo.

Por el contrario, el corazón de los fariseos estaba tan endurecido por el orgullo y la obsesión con la ley que, aunque habían presenciado un milagro a plena vista, permanecieron espiritualmente ciegos.

Por eso dice Jesús: «Yo entré en este mundo para hacer juicio, para dar vista a los ciegos y para demostrarles a los que creen que ven, que, en realidad, son ciegos» (Juan 9:39). Es una afirmación muy fuerte.

Luego dice a los fariseos: «Si fueran ciegos, no serían culpables [...], pero siguen siendo culpables porque afirman que pueden ver» (Juan 9:41). En esencia, les está diciendo: «Si fueran incrédulos por pura ignorancia, quizás lo podría pasar por alto. Pero como afirman que conocen a Dios y aun así deciden no verlo, ya no me queda nada más para hacer».

Creo que, en la evangelización, tenemos que entender la diferencia entre los corazones dispuestos y los no dispuestos. De lo contrario, nos veremos invirtiendo tiempo y energía en aquellos que tienen el corazón cerrado a la verdad, a expensas de aquellos de corazón abierto.

La pregunta es: ¿cómo distinguimos?

Creo que, de alguna manera, podemos discernir la disposición del corazón de una persona cuando hablamos con ella y escuchamos lo que dice con atención. Tomemos como ejemplo a una pareja de agnósticos con quienes hablé sobre Jesús por mi canal de YouTube, cuando me dijeron que la iglesia los había marginado y maltratado. Me daba cuenta de que estaban heridos, pero estaban abiertos. Al mismo tiempo, había un hombre justo fuera del cuadro que amenazaba con darme una bofetada. Recuerdo que pensé: *¡Vaya! Dios en realidad quiere alcanzar a esta pareja. Puedo sentir el amor de Dios por ellos.* También podía sentir que el enemigo utilizaba a este otro hombre para provocarme y distraerme, comentando todo lo que yo decía, tratando de desviarme y atraer mi atención hacia él, porque le molestaba la obra que yo estaba haciendo, tal como los fariseos que se enfadaban por la obra que hacía Jesús. En ese momento, pude ver de cerca corazones dispuestos y no dispuestos.

Eso no quiere decir que debamos ignorar a las personas cuyo corazón se ha endurecido contra Dios. Jesús no dejó de dialogar con los fariseos... incluso logró conectar con algunos de ellos. La historia cristiana está llena de conversos inesperados, empezando por el mismo apóstol Pablo, quien perseguía a la iglesia, pero llegó a la fe cuando Jesús se le apareció de camino a Damasco. Aunque podamos evaluar su disposición actual, de ninguna manera podemos saber con exactitud a quién alcanzará Dios, ni cómo lo hará.

Lo principal que hay que recordar es que la decisión final de entregarse o no a Jesús no depende de usted ni de mí. Nuestro trabajo consiste en ser fieles y encomendar los resultados a Dios.

Jesús llama a sus seguidores a la obediencia. A salir de la zona de confort y ofrecer su mensaje vivificador a personas perdidas y heridas. Nos llama a servirles y nos llama a amarlos.

A veces puede ser desalentador cuando parece que nuestro mensaje cae en un corazón poco dispuesto; por eso necesitamos la motivación de Pablo, de «que no nos cansemos de hacer el bien» (Gálatas 6:9). No podemos ver hoy cómo Dios terminará utilizando nuestro testimonio. Pablo escribe a la iglesia de Corinto: «Permanezcan fuertes y constantes. Trabajen siempre para el Señor con entusiasmo, porque ustedes saben que nada de lo que hacen para el Señor es inútil» (1 Corintios 15:58). Jesús es el responsable del proceso, de principio a fin y, por ende, nuestro trabajo para él jamás será un desperdicio. Jamás será un fracaso.

Así que, no baje los brazos. Aproveche los dones y la personalidad que Dios le ha dado y, a pesar de sus miedos y desaliento, sea audaz cuando diga la verdad a los demás.

8

SEAMOS AUDACES

ME ENCANTA LA PALABRA *AUDACIA*. Como ya mencioné, incluso bauticé mi línea de ropa con el nombre de Bold Apparel, el cual significa «prendas audaces».

Pese a que mucha gente piensa que la audacia significa simplemente ser atrevido, yo creo que es mucho más que eso. Antes de hablar de lo que es la audacia, exploremos primero qué es lo que nos impide ser audaces: el miedo.

Ya hablamos un poco del miedo en el último capítulo. El miedo puede ser algo muy paralizante para la evangelización. El miedo hace que nuestras lenguas olviden las palabras cuando Dios nos manda a hablar. Tememos que otros seres humanos creados nos corten con la mirada si les contamos del negro abismo de su pecado y de su gran necesidad del Hijo.

Así y todo ¿por qué tantas veces tenemos miedo, si el Dios que nos creó no nos dio ese espíritu (ver 2 Timoteo 1:7)? ¿Será que tememos más a las personas que al Dios que las creó? Tal vez tememos que los más cercanos nos rechacen cuando compartamos nuestra fe, como me ocurría con mis primos cuando era un recién convertido. Quizás tememos perder dinero o fama o seguidores si repetimos las palabras de Jesús y nos atrevemos a reflejarlo a él en público. Quizás tememos a la «cultura de cancelación» después de ver cómo la gente intentó borrar a unos cuantos cristianos que conocemos, solo por promover demasiado la santidad en Internet. Muchas veces, la causa de este miedo se encuentra en una palabra que puede ser sinónima del temor: cobardía.

Sé que la palabra *cobarde* le puede caer mal al oído. Aunque, si nos sinceramos, muchos de nosotros hemos vivido momentos de cobardía en nuestro caminar con Jesús. Sí, incluso yo, quien puso «audacia» en el nombre de su marca de ropa. Un cobarde es alguien que no tiene la valentía para soportar cosas peligrosas o desagradables, cosas como una cruz y el peso de cargarla. Le pido que me haga un favor. Reflexione en todas las veces cuando usted fue cobarde. Reflexione en las ocasiones cuando se quedó mudo, temiendo hablar por lo que eso pudiera costarle. ¿Han llegado esos momentos a su memoria? Muy bien. Ahora hágame otro favor. Si cuando recordó esos momentos, la vergüenza lo sujetó contra su voluntad, ¡demande ahora que la vergüenza lo suelte! ¿Por qué? Porque la vergüenza no tiene ningún lugar con un santo que todavía tiene la oportunidad de ser utilizado por Dios.

Piense en Pedro y en cómo aquel gallo lo llamó cobarde tres veces cuando negó a Jesús luego de su captura. Hasta la fecha, ¿no somos la iglesia que Dios construyó sobre una roca llamada Pedro? ¿Acaso Dios no utilizó también a Pedro en gran medida? La gracia de Dios fue suficiente para dar a Pedro una segunda oportunidad de hacer las cosas bien, y esa misma gracia es suficiente para nosotros también. Para no ser cobarde, tan solo tiene que creer que usted es quien Dios dice que es. Hágalo.

Ahora que hemos soltado al viento nuestra vergüenza y hemos recordado la gracia, sería un descuido de mi parte —e incluso falta de amor— no hacerle esta advertencia: aunque cada amanecer presenta otra oportunidad para entregarle su cobardía a Dios, por favor asegúrese de no morir cobarde. La Biblia dice que los cobardes no heredarán el reino de Dios (ver Apocalipsis 21:8). Lo que es aún más alarmante es que ese pasaje mete a los cobardes junto con los incrédulos, los corruptos, los inmorales, los asesinos y quienes practican la brujería, entre otros. ¿Por qué es tan grave para Dios la cobardía? Por lo general, nadie respeta a un cobarde. Incluso el Dios eterno del cielo declara que el cobarde no vivirá con él para siempre.

Creo que esto tiene tanto que ver con la persona que es cobarde como con la santidad de Dios. Esto es lo que quiero decir: cuando la cobardía es lo que define a una persona, es imposible que siga a Dios. Siempre buscará otras cosas antes de acudir a la ayuda de Dios.

Para entender mejor lo que digo, hagamos una comparación entre Pedro y Judas. Los dos negaron a Jesús. Los dos demostraron cobardía y se sintieron culpables después. La culpa de Pedro lo condujo a la tristeza piadosa y al arrepentimiento. No fue así en el caso de Judas. Este tomó una cuerda y ahorcó su culpa. En lugar de acudir al Dios que estaba a punto de morir en un madero por todo pecado, puso su esperanza perdida en el suicidio y se colgó de otro madero. El cobarde siempre buscará un escape, en lugar de acudir al Dios que murió para invitarlo a su reino. Por lo tanto, el cobarde no heredará el reino de Dios, como tampoco los otros mencionados en Apocalipsis 21:8, básicamente por la misma razón. No buscan el reino. Siempre buscan un escape.

Quizás el miedo al otro no sea lo suyo. Quizás mientras lee esto, se dice: *Esto no tiene que ver conmigo. Yo solo temo al Padre, al Hijo que envió y al Espíritu Santo que me guía a toda verdad.* A mi entender, la audacia no consiste en hacer lo que nos da miedo. Se trata de hacer lo que Dios nos pide que hagamos. La audacia se relaciona más con la obediencia a Dios que con andar sin temor de los demás. Si está convencido de que Dios es digno de seguir y obedecer, por favor, crea que él puede darle la audacia para decirle «sí», incluso cuando esto pueda costarle algo. Para hacer una ilustración, hagamos un recorrido imaginario hacia un hombre en la Biblia del cual casi nadie habla. Un hombre llamado José de Arimatea.

Sí, ese mismo, un fariseo. Después de leer el capítulo anterior, es probable que no sea quien esperábamos, ¿verdad? Preste atención.

José de Arimatea aparece solo una vez en los Evangelios, y es probable que por eso no pensemos mucho en él. Tanto Mateo como Marcos, Lucas y Juan, sin embargo, relatan la historia de José, lo cual —me parece— ¡es un gesto de alto respeto!

Lo que más me gusta al leer sus relatos es que todos dan detalles diferentes. Mateo nos cuenta que José era rico (ver Mateo 27:57). Marcos nos dice que era un miembro destacado del Sanedrín (ver Marcos 15:43). Lucas describe que era «un hombre bueno y justo» que «no había estado de acuerdo con la decisión y las acciones [del Sanedrín]» y que «esperaba la venida del reino de Dios» (Lucas 23:50-51). Por último, Juan nos cuenta que José había guardado silencio sobre su lealtad a Jesús porque temía las represalias del Sanedrín.

No sabemos exactamente cuándo el corazón de José le dijo «sí» a Dios. La Biblia no menciona cuál fue el momento bisagra ni cómo Dios se ganó el «aleluya» de José, ya que procedía del mismo grupo de hombres que odiaban a Jesús. Sí sabemos que, después de la crucifixión, José fue a Pilato y le pidió permiso para enterrar el cuerpo de Jesús, y esta acción de audacia resonó a lo largo de la historia.

¿Se da cuenta de que el momento más peligroso para seguir a Jesús no era cuando estaba vivo, sino después de ser crucificado? Después de ser catalogado como una maldición y un criminal, un blasfemo y un falso profeta. La crucifixión le arrebató la vida de los huesos. Los que le arrebataron su inocencia fueron los líderes religiosos que lo enjuiciaron. La cuestión es que, cuando Jesús entregó su espíritu en esa cruz vergonzosa y el cielo se oscureció, llegó un tiempo de terror para aquellos

LA AUDACIA SE RELACIONA MÁS CON LA OBEDIENCIA A DIOS QUE CON ANDAR SIN TEMOR DE LOS DEMÁS.

que lo seguían. Por eso los discípulos se escondieron después de la crucifixión.

Piénselo un segundo.

Después de que mataran a Jesús, todos los discípulos —sus amigos, su círculo íntimo, quienes lo habían seguido en público durante tres años— huyeron y se escondieron. Con la excepción de Juan, ni siquiera se presentaron a la crucifixión, pero un discípulo secreto, José de Arimatea, quien se había escondido hasta entonces, sacó la cabeza.

Una vez oí a un predicador gritar en un sermón: «¡José de Arimatea era un cobarde! ¡Creía en Jesús, pero por miedo nunca dijo nada!». ¿Lo era? Aun si lo fuera al principio, ¡cómo se rectificó! Pues, cuando fue a Pilato a pedirle el cuerpo de Jesús, no sabía cómo reaccionaría Pilato. No sabía si Pilato diría: «Oh, ¿quieres honrar al rebelde que acabamos de ejecutar? Aquí tenemos una cruz para ti también». El hombre literalmente arriesgó su vida para asegurarse de que Jesús tuviera un entierro digno según la tradición judía.

Cuando los romanos ejecutaban en la cruz, solían dejar a las personas colgadas para pudrirse, como advertencia para otros posibles rebeldes. Dejaban que los cuerpos se cocinaran bajo ese sol oriental. Si no fuera por José de Arimatea, ese podría haber sido el destino de Jesús[6]. José sabía en su corazón que Jesús era quien decía ser, y por eso no dudó en pedir el cuerpo. No podía. El cuerpo de Jesús tenía que ser enterrado ese mismo día, antes de que comenzara el sábado. Por fortuna, María ya había ungido a Jesús con aceite dos días antes, en Betania. Aun así, dada la presión de tiempo, alguien tenía que actuar cuanto antes. José lo hizo.

Sí, es cierto que, mientras Jesús vivía, el seguimiento de José a Jesús permaneció en voz baja, como enterrado en lo profundo de sus adentros. Sin embargo, Dios le dio la audacia necesaria para pararse firme en su fe cuando más le podría haber costado. Como miembro del Sanedrín, arriesgó su fortuna. Arriesgó su estatus social. Arriesgó su posición. Arriesgó su reputación. Además, por supuesto, arriesgó la vida misma. Lo arriesgó *todo*.

La historia de José debería ser de aliento para quienes no se consideran «audaces». Su historia nos muestra que la audacia no es una característica de la personalidad. Más bien, es la voluntad de actuar cuando Dios nos llama a hacerlo. Cuando Dios se gana nuestro «sí», el mundo experimenta nuestra audacia. Puede ser fácil para nosotros juzgar a José por su silencio previo, pero pregúntese: *¿Viviré en voz alta mi amor por Jesús aun cuando esté rodeado de personas que lo odian?* Cuando todos a su alrededor aman y adoran a Jesús no hace tanta falta ser audaz. Ahora bien, ¿qué haría si Dios lo llamara a presentarse ante alguien como Pilato para hablar o actuar en nombre de Dios?

LA AUDACIA NO ES UNA CARACTERÍSTICA DE LA PERSONALIDAD. MÁS BIEN, ES LA VOLUNTAD DE ACTUAR CUANDO DIOS NOS LLAMA A HACERLO.

Aunque usted no lo crea, de alguna manera, ya lo ha hecho. En esencia, eso es la evangelización. Es estar dispuesto a arriesgar su estatus social, arriesgar su carrera, arriesgar sus amistades y arriesgar incluso su vida con tal de proclamar el nombre de Jesús a un mundo que lo odia. Si queremos cumplir la gran comisión y hacer discípulos de todas las naciones, en algún momento Jesús nos llamará a todos a caminar con alguna medida de audacia. La Biblia dice que el cuerpo de Jesús fue golpeado hasta quedar irreconocible. Póngase en el lugar de José por un momento. Imagínese cómo se debió sentir como parte de un grupo de hombres que se revestían de odio hacia Jesús. Con cuánta impotencia observaba a María, la madre de Jesús, contemplar, con sus ojos como dos mañanas sin sol, la tortura de su hijo inocente. Y cómo, luego de la muerte de Jesús, sintió el impulso de velar por ese cuerpo azotado. No vino a pelearse con los otros miembros del concilio ni con Pilato. Solo quería honrar, por fin en voz alta, al rey que había amado en secreto.

Creo que se acerca el momento en que nuestra evangelización nos llamará a esta clase de audacia. Hijos de Dios, les digo que todavía vivimos en un mundo que busca crucificar el nombre de Jesús a diario. Del mismo modo que el mundo tenía delante de sí a un Dios bueno en la persona de Cristo y, sin embargo, lo llamó malo, nosotros vivimos en un mundo que sigue llamando malo a lo bueno y bueno a lo malo. La audacia de José no consistió en gritarle a Pilato o pelearse con el Sanedrín. Se manifestó cuando dio la cara por Jesús en el momento más crítico. ¿Cómo puede utilizar Dios nuestra audacia para dar la cara por él ante un mundo moribundo que no lo conoce? Dar la cara por él ahora, en el momento más crítico. Dar la cara por él cuando nos puede costar algo que atesoramos.

Los otros discípulos también terminaron entrando en razón, pero no fue hasta que el Jesús resucitado literalmente atravesó su puerta cerrada, se les apareció y dijo, en esencia:

«¡Oigan!, ya les dije que esto pasaría. ¿Por qué se ponen a dudar de mí ahora?». La convicción de José le permitió ser audaz antes de que Jesús tuviera la última palabra y crucificara a la muerte en su tumba.

Por cierto, Juan relata que otro fariseo, Nicodemo, ayudó a José a preparar el cuerpo de Jesús para el entierro. Nicodemo se había reunido con Jesús al principio de su ministerio, a altas horas de la noche, al amparo de la oscuridad, para hablar con él, y al igual que José, creía que Jesús era el Mesías. Incluso habló a favor de Jesús cuando los guardias del templo amenazaron con arrestarlo (ver Juan 7:50-51). Además, cuando Jesús murió, Juan nos cuenta que Nicodemo «llevó consigo unos treinta y tres kilos de ungüento perfumado, una mezcla de mirra y áloe» (Juan 19:39). Al igual que José, sin embargo, no se animaba a dar a conocer sus creencias. Por eso no hemos de echarnos atrás de compartir el evangelio con alguien, aun si no se muestra dispuesto al principio. Nunca se sabe.

Entonces, la próxima vez que usted tenga la oportunidad de contarle a alguien cómo Jesús cambió su vida pero se preocupe por lo que la gente pensará o vacile porque debe dejar de su zona de confort, será hora de pensar en José de Arimatea y ser audaz.

No quiero terminar este libro criticando a los discípulos y felicitando a un fariseo. Para ser justos, los apóstoles también llegaron a entender qué es la audacia. De hecho, no se me ocurre mejor manera de hacer un cierre que con el relato de cómo ellos aprendieron a ser audaces.

En uno de los primeros capítulos del libro de Hechos, Pedro acaba de sanar en el nombre de Jesús a un hombre que estaba cojo. Ahora él y Juan están en la calle predicando el evangelio y un grupo de sacerdotes y saduceos llegan y los arrestan. Como ya es tarde, los meten en la cárcel para esperar su juicio a la mañana siguiente.

Imagínese lo que habrán pensado Pedro y Juan. Jesús acaba de ser ejecutado, y ellos son sus seguidores. Cuando leo su historia, casi puedo sentir de qué modo el miedo habrá desgranado su valentía durante toda la noche mientras esperaban su condena a la mañana siguiente. Cómo sus latidos frenéticos habrán impedido que sus ojos exhaustos probaran siquiera un sorbito de sueño. Con cuánta creatividad visualizaban en sus mentes las muchas maneras en que podrían ser ejecutados. Cansados y aterrorizados, con la cafeína del miedo que les atravesaba el cuerpo y los mantenía tan despiertos como la luna durante toda la noche. Sentados allí, solos en la oscuridad, mientras los muros de la prisión se encorvaban sobre ellos y empezaban a tragarlos por completo. No olvide, estos hombres se habían escondido después de la crucifixión de Jesús. Nuestra expectativa es que, al amanecer, se pongan a rogar por sus vidas.

A la mañana siguiente, Anás, Caifás y otros funcionarios religiosos arrastran a los discípulos —asustados y privados de sueño— ante el sumo concilio y les preguntan: «¿Con qué poder o en nombre de quién han hecho esto?» (Hechos 4:7). Esto es lo que leemos a continuación:

> Entonces Pedro, lleno del Espíritu Santo, les dijo:
>
> —Gobernantes y ancianos de nuestro pueblo, ¿nos interrogan hoy por haber hecho una buena obra a un lisiado? ¿Quieren saber cómo fue sanado? Déjenme decirles claramente tanto a ustedes como a todo el pueblo de Israel que fue sanado por el poderoso nombre de Jesucristo de Nazaret, el hombre a quien ustedes crucificaron pero a quien Dios levantó de los muertos. Pues es Jesús a quien se refieren las Escrituras cuando dicen: "La piedra que ustedes, los constructores, rechazaron ahora se ha convertido en la piedra principal". ¡En ningún otro hay salvación! Dios no ha dado ningún otro nombre bajo el cielo, mediante el cual podamos ser salvos.
>
> HECHOS 4:8-12

Damas y caballeros, ¡esto sí que merece un aplauso! Vemos a un hombre que pasó la noche en vela, sin más compañía que sus pensamientos y los susurros del diablo. Con la muerte tan cerca, es probable que la sintiera bailando sobre su lengua, pero es como si se hubiera dicho: *¡Si muero, muero con valentía!*

Lo siguiente que nos dice la Biblia es que «los miembros del Concilio quedaron asombrados cuando vieron el valor de Pedro y de Juan, porque veían que eran hombres comunes sin ninguna preparación especial en las Escrituras» (Hechos 4:13). También reconocían que Pedro y Juan habían estado con Jesús. Tras consultar entre ellos, los soltaron con la orden de que no hablaran más de Jesús.

No sabemos si estaban profundamente conmocionados por quedar libres. Tal vez, la audacia se expandió en su interior y no les permitió preocuparse más del resultado, sea cual fuere. Lo que sí sabemos es que respondieron de inmediato: «¿Acaso piensan que Dios quiere que los obedezcamos a ustedes en lugar de a él? Nosotros no podemos dejar de hablar acerca de todo lo que hemos visto y oído» (Hechos 4:19-20). ¿De dónde vino esta audacia? ¿Cómo llegaron a descuidar así sus propias vidas? Solo Dios sabía que el concilio no los mataría ese día. Entonces ¿qué despertó ese rugir en su pecho? Allí, sentados en la prisión con sus manos inocentes encadenadas, ¿cómo alcanzaron semejante libertad? Pues, ahora le cuento.

Esa es la audacia que recibimos cuando el Espíritu Santo entra y se acomoda en nuestro interior. Cuando nuestro cuerpo se vuelve morada del Dios viviente, él hace con aquel lo que le place. Tan pronto como Juan y Pedro quedan libres, vuelven y cuentan lo sucedido a los demás, y «todos juntos alzaron sus voces» en oración:

> Oh Señor Soberano, Creador del cielo y de la tierra, del mar y de todo lo que hay en ellos, hace mucho tiempo tú hablaste por el Espíritu Santo mediante nuestro antepasado David, tu siervo, y dijiste:
>
> «¿Por qué estaban tan enojadas las naciones?
> ¿Por qué perdieron el tiempo en planes inútiles?
> Los reyes de la tierra se prepararon para la batalla,
> los gobernantes se reunieron

> en contra del Señor
> y en contra de su Mesías».
>
> De hecho, ¡eso ha ocurrido aquí en esta misma ciudad! Pues Herodes Antipas, el gobernador Poncio Pilato, los gentiles y el pueblo de Israel estaban todos unidos en contra de Jesús, tu santo siervo, a quien tú ungiste. Sin embargo, todo lo que hicieron ya estaba determinado de antemano de acuerdo con tu voluntad. Y ahora, oh Señor, escucha sus amenazas y danos a nosotros, tus siervos, mucho valor al predicar tu palabra. Extiende tu mano con poder sanador; que se hagan señales milagrosas y maravillas por medio del nombre de tu santo siervo Jesús.
>
> HECHOS 4:24-30

¿Lo ve? Están diciendo que en Cristo no hay nada que temer, porque nada ocurre fuera de la voluntad de Dios. Incluso el mal que sucedió cuando Jesús murió crucificado estaba predeterminado y bajo la dirección de Dios. Él siempre tuvo el control. Nada ocurrió por casualidad o porque lo definieran así Herodes, Pilato o el Sanedrín. Dios estaba moviendo todas las piezas de principio a fin.

Dios sigue siendo soberano. Nada de lo que pase hoy sucede por casualidad. Todo sucede según su voluntad. Por lo tanto, no debemos tener miedo de compartir nuestra fe. No debemos tener miedo de perder el empleo por proclamar que Cristo es el Señor. No debemos tener miedo de que las personas con quienes trabajamos o estudiamos se aparten de nosotros porque proclamamos que Cristo es el Señor. No debemos tener miedo de que la gente nos vea como extraños porque creemos que Cristo es el Señor. Porque, pase lo que pase, Dios utilizará todo para su gloria. Utilizó a Poncio Pilato, a Herodes y a los fariseos, y si los utilizó a ellos, también lo va a utilizar a usted.

Por mi parte, siento que se acerca un tiempo en que Dios va a obligarnos a elegir entre ser audaces o sumisos al mundo. Se acerca un tiempo en que los santos de Dios seremos atacados por tan solo someternos a una autoridad que nos sobrepasa. Se acerca un tiempo en el que el mundo intentará obligar a la iglesia a elegir entre la pasividad y la audacia. Nos dirán que si no nos sometemos a lo que sentimos, estaremos reprimiendo nuestro verdadero «yo» y haciendo daño al mundo que nos rodea. No crea esa mentira. No se doblegue ante un mundo que busca quebrarlo. Los mismos que dicen aceptarlo todo se contradicen cuando rechazan la cosmovisión cristiana solo porque va en contra de la de ellos. Responda a esta contradicción con amor, pero también como un santo audaz. Diga la verdad hoy porque, más tarde, toda mentira será colgada por su lengua y quedará suspendida como fruta moribunda en el calor del Misisipi. La boca ya no será una amenaza: su único cotilleo girará en torno a la gloria de Dios. Diga la verdad hoy porque, en el cielo, toda mandíbula que lo haya hecho se fijará al son del aleluya, pero aquellos que se hayan tragado la verdad para vivir cómodamente en la tierra no tendrán paz eterna. Diga la verdad hoy porque, aunque este mundo odie la verdad, Dios todavía tiene un pueblo esparcido que oirá y responderá. Utilizará a su pueblo como instrumento de verdad para atraer hacia él a los hombres y mujeres más improbables. Creo que, en los últimos tiempos, Dios utilizará a su pueblo para liberar a las almas más rebeldes. Si permanecemos fieles a la verdad de Dios, él nos utilizará para ablandar los corazones más endurecidos. Los puños furiosos se convertirán en palmas abiertas en alabanza ante nuestras palabras. Diga la verdad hoy, porque en el día cuando Jesús vuelva para ofrecernos el cielo, nos alegraremos de haberlo hecho. En ese día, nuestra piel de gallina será nuestro braille de gloria en la presencia de Dios. La calumnia y la persecución dejarán de definirnos y cantaremos alabanzas con todo el cuerpo, porque hubo un momento cuando dimos la verdad a un mundo moribundo.

DIGA LA VERDAD HOY PORQUE, AUNQUE ESTE MUNDO ODIE LA VERDAD, DIOS TODAVÍA TIENE UN PUEBLO ESPARCIDO QUE OIRÁ Y RESPONDERÁ.

Jesús nos ha dado un mandato y a través de su Espíritu Santo nos ha brindado el poder para llevarlo a cabo. De ahí viene nuestra audacia. Como dice Pablo en Romanos:

> El Espíritu Santo nos ayuda en nuestra debilidad. Por ejemplo, nosotros no sabemos qué quiere Dios que le pidamos en oración, pero el Espíritu Santo ora por nosotros con gemidos que no pueden expresarse con palabras. Y el Padre, quien conoce cada corazón, sabe lo que el Espíritu dice, porque el Espíritu intercede por nosotros, los creyentes, en armonía con la voluntad de Dios. Y sabemos que Dios hace que todas las cosas

> cooperen para el bien de quienes lo aman y son llamados según el propósito que él tiene para ellos. [...] ¿Qué podemos decir acerca de cosas tan maravillosas como estas? Si Dios está a favor de nosotros, ¿quién podrá ponerse en nuestra contra?
>
> ROMANOS 8:26-28, 31

Hijos de Dios, como dijo nuestro hermano Pablo, nunca pasaremos por un mal sin propósito. Si vamos a ser evangelistas fieles, tengamos en cuenta que el mundo que llamó «criminal» a Cristo vendrá también por nosotros. Aun cuando suceda, sin embargo, podemos estar seguros de lo que escribe Pablo: «Ni la muerte ni la vida, ni ángeles ni demonios, ni nuestros temores de hoy ni nuestras preocupaciones de mañana. Ni siquiera los poderes del infierno pueden separarnos del amor de Dios. Ningún poder en las alturas ni en las profundidades, de hecho, nada en toda la creación podrá jamás separarnos del amor de Dios, que está revelado en Cristo Jesús nuestro Señor» (Romanos 8:38-39).

Claro, ¿quién puede estar contra nosotros?

Quienes creemos en Jesús somos sus discípulos. Como Pedro y Juan, muchos de nosotros somos personas comunes y corrientes sin formación especial. A todo eso, sumamos el hecho de que seguimos a un hombre llamado Jesús: Dios hecho carne, quien vino a la tierra, obró milagros locos, sanó enfermos, resucitó muertos, dio vista a los ciegos y esperanza a los desahuciados, y mediante su muerte y resurrección ofreció el regalo de la vida eterna a quienes creen en él. Eso, y solo eso, nos da «la esperanza que tenemos», el motivo para defender nuestra fe. Si seguimos el ejemplo de Jesús de decir la verdad con «humildad y respeto», aunque nuestras palabras lleguen a oídos que no quieran oír, se *hará* su voluntad.

Por eso, confíe en la soberanía del Señor.

Sea fiel.

Sea obediente.

Esté dispuesto.

Presente la verdad sin reservas.

Muéstrele honor al Señor al honrar a las personas que tiene a su alrededor, incluso a quienes no estén de acuerdo con usted.

Recuerde que, si a veces fracasa, ¡está bien! Dios puede usarlo todo.

Y, sobre todo, ame genuinamente a las personas.

Ahora, ¡vamos!

Digamos la verdad.

Seamos audaces.

Y ganemos corazones.

NOTAS

1. Nota de la trad.: La poesía hablada, conocida en inglés como *spoken word poetry*, es una expresión artística contemporánea que consiste en la presentación oral de poemas a un público. La poesía es libre pero, por lo general, no improvisada, y toma del rap ciertas tendencias de rima y métrica. El género se caracteriza por ser apasionado, por tocar temáticas sociales o personales de profunda importancia para el poeta y por provocar la reflexión entre los oyentes.
2. Nota de la trad.: Se denomina «israelitas hebreos» o «israelitas negros» a ciertas agrupaciones, mayormente integradas por afrodescendientes en Estados Unidos de América, quienes se consideran los verdaderos descendientes de Jacob, practican ritos derivadas de la tradición judía y africana, y son conocidos por su prédica callejera en zonas urbanas.
3. Nota de la trad.: La organización religiosa «Nación del Islam» surgió en EE. UU. en el siglo XX con la meta de seguir los principios del islam y así fomentar la identidad moral y sociopolítica de sus integrantes, mayormente afroamericanos.
4. Nota de la trad.: Se denomina «israelitas hebreos» o «israelitas negros» a ciertas agrupaciones, mayormente integradas por afrodescendientes en Estados Unidos de América, quienes se consideran los verdaderos descendientes de Jacob, practican ritos derivadas de la tradición judía y africana, y son conocidos por su prédica callejera en zonas urbanas.

5. Paul David Washer, «*Scandalous Gospel*» [Evangelio escandaloso], Doctrine in Life, *HeartCry Mission Society*, 23 de julio del 2018, https://heartcry missionary.com/doctrine-in-life/scandalous-gospel.
6. En este caso los líderes judíos pedían que los cuerpos fueran retirados antes debido a la Pascua. Ver Juan 19:31.

ACERCA DEL AUTOR

Preston Perry es originario de Chicago. Poeta, artista performativo, maestro y apologeta. Sus enseñanzas y escritos han sido presentados en plataformas ministeriales como Poets in Autumn Tour y Legacy Disciple. Preston es coanfitrión del pódcast popular *With the Perrys* (Con los Perrys). Creó la línea Bold Apparel y el canal en YouTube *Apologetics with Preston Perry* (Apologética con Preston Perry) con el propósito de atraer a su público al debate teológico. Preston y su esposa, Jackie, viven en Atlanta con sus cuatro hijos: Eden, Autumn, Sage y August.